Sylvie
Chermet-Carroy

Comprenez votre enfant par ses dessins

Sand

ISBN 2-7107-0703-9

TABLE DES MATIÈRES

AVANT-PROPOS

Le dessin d'enfant

Le dessin d'enfant est un message. Langage spontané, c'est un acte libre. Il parle, raconte et explique tout ce que l'enfant ne peut pas formuler verbalement.

Son langage et son étude procurent des renseignements précieux aux parents, aux éducateurs et à tous ceux qui désirent comprendre l'enfant, être plus près de lui pour mieux le guider.

L'exploration de ce domaine ne remonte qu'au début du siècle précédent et s'appuie sur les mêmes lois de base que la graphologie enrichie de l'étude des symboles psychanalytiques que l'on retrouve dans le rêve, dans la mythologie, dans les contes et dans la vie.

On utilise l'interprétation des productions graphiques dans les tests d'évaluation de l'intelligence et dans les psychothérapies. L'intérêt fondamental de cette interprétation est d'être plus proche de l'enfant et de pouvoir lui apporter des réponses aux questions qu'il n'arrive pas à exprimer.

L'enfant dessine, apprend, se découvre et expérimente dans le dessin toutes les questions de la vie. Il se teste et structure son moi. Il traduit son monde émotionnel dans le geste graphique. Le dessin est à lui seul tout un univers qui évolue au fur et à mesure que l'enfant prend conscience et se transforme.

On y trouve les questions secrètes, les joies, les angoisses, l'amour ou la peur. L'enfant n'a pas les mots pour dire ce qu'il ressent. Le dessin parle librement et totalement à travers les grands symboles que sont le soleil, l'eau, l'arbre ou la maison. Lorsqu'il dessine un bonhomme, c'est avant tout lui-même qu'il représente et le graphisme nous montre comment il se voit, comment il évolue et comment il se situe par rapport à l'environnement.

D'où l'importance de l'accueil fait au dessin. En effet lorsque l'enfant donne son dessin, il livre son message, il se donne, c'est un acte d'amour. Un regard négligent ou le désintérêt peuvent le blesser profondément.

Ce n'est d'ailleurs pas la valeur esthétique qui est révélatrice mais plutôt l'expression du monde intérieur.

Projection psychologique de l'univers enfantin, le geste graphique, au-delà du plaisir qu'il procure, est révélateur de la personnalité toute entière.

Langage symbolique, cri d'amour, pulsion créatrice, le dessin d'enfant est avant tout un message fondamental.

Il dépeint tout ce qui questionne, tracasse ou fascine l'enfant. Savoir déchiffrer au bon moment ce message qui est à chaque fois unique, offre la possibilité d'enrichir la relation avec l'enfant et de l'aider à développer toutes ses potentialités au fur et à mesure qu'elles se manifestent.

L'utilisation et l'étude du dessin d'enfant ont une histoire et peuvent être actualisées aujourd'hui par tous les parents ou éducateurs en rattachant cette connaissance au quotidien, et au langage de la vie de tous les jours.

Le dessin, en tant que projection de l'inconscient, a été utilisé comme test dès le début du siècle, afin de connaître la personnalité et le niveau intellectuel de son auteur.

Certains chercheurs tels que Koch et Schliebe ont fait des études statistiques sur le lien inconscient qui existe entre la forme (le dessin) et l'émotion. Ils ont fait dessiner des centaines d'enfants en leur donnant des consignes définies, demandant par exemple de représenter un arbre heureux, un arbre qui souffre, un arbre effrayé... Il en ressort une constante pour chaque émotion, une tendance générale et systématique qui a permis d'élaborer de façon très précise la signification symbolique du trait. Ces données sont ensuite utilisées dans le sens inverse : telle ou telle forme reflète les sentiments de bonheur, de souffrance ou de peur.

Le dessin de l'arbre est une représentation symbolique et inconsciente de l'être humain. De même la représentation de la maison ou du bonhomme avec les travaux de Florence Goudenough, de Widlocher ou de Luquet indiquent le vécu, l'équilibre affectif et le niveau intellectuel.

Les dessins libres ont été utilisés dans la cure psychanalytique dès le début du siècle par Sophie Morgenstern et par d'autres thérapeutes, en particulier Madeleine Rambert et Françoise Dolto-Marette.

De nombreux thérapeutes utilisent le dessin car il donne instantanément de précieux renseignements, en particulier en ce qui concerne le vécu dans le milieu familial. Ainsi lorsque l'enfant reçoit comme consigne de dessiner *une* famille, il représente en fait *sa* famille. Parmi les nombreux psychologues qui ont contribué à faire avancer les recherches dans ce domaine, les travaux de

Françoise Minkowska, de Maurice Porot ou du Dr Corman ont participé à l'élaboration du « test du dessin de famille ».

Les recherches sont nombreuses, autant en psychologie qu'en psychothérapie ou en psychiatrie.

L'analyse du dessin d'enfant est un outil précieux pour le spécialiste mais il est également, pour le parent proche de l'enfant, le moyen privilégié d'entrer en contact plus profondément avec l'âme enfantine. Les années de l'enfance passent toujours très vite car l'enfant évolue remarquablement de jour en jour. Entrer dans le symbolisme du dessin d'enfant c'est capter l'instantané, saisir l'intensité et affiner le lien tissé entre l'enfant et soi.

Chapitre I

L'évolution du dessin

Au moment de l'apprentissage de la marche et de l'équilibre, l'enfant commence à tenter les premières manifestations graphiques. C'est la période des taches et du gribouillage. Tout d'abord, le plaisir du geste guide l'enfant, il dessine sans intention particulière. Son plaisir est analogue à celui de souiller et se rapporte à d'autres jeux qui lui donnent une satisfaction à salir. C'est l'époque où il désire manipuler ses excréments, ce qui est un stade normal d'expérimentation et de découverte. Très vite, l'enfant est fasciné par la trace qu'il a exécutée, il comprend la relation de cause à effet (son geste et le résultat) et il passe alors à l'acte volontaire, étape importante d'une nouvelle prise de conscience.

Avant l'âge de deux ans, le gribouillis est tracé sans lever la main, il épouse une forme plus ou moins arrondie, suivant une spirale , il devient circulaire, ovoïde. Formes elliptiques qui partent du centre, elle enferment, contiennent et délimitent un espace. Les formes circulaires sont plus faciles à tracer que les angles qui apparaissent dans un deuxième temps. Tracer un angle implique, en effet, une rupture du rythme et freine le mouvement.

Ensuite, se manifeste le désir d'une représentation concrète. L'enfant constate une ressemblance entre son tracé et un objet réel. Au fur et à mesure qu'il expérimente des formes, il leur trouve une signification possible après coup. C'est le stade que Luquet a appelé le *réalisme fortuit*. L'enfant nomme l'objet, car il a le désir de rattacher son dessin au réel. Mais, il perçoit une ressemblance ponctuelle et peut donner une signification toute différente d'un moment à l'autre. Ce stade représentatif débute aux environs de l'âge de deux ans. L'enfant acquiert davantage la maîtrise du geste et devient capable de lever la main pour tracer successivement différentes figures. Il passe du trait continu au trait discontinu. On voit apparaître une figure centrale et des formes isolées.

Aux alentours de trois ans, il cherche à reproduire le tracé de l'adulte et fait l'expérience d'une multitude de petits cercles. Cette étape a été appelée le *stade du réalisme manqué*, terme peut-être subjectif, car le « réussi » de l'enfant n'est pas celui de l'adulte. Le but du dessin n'est pas l'esthétique mais l'expérience, la maîtrise et la découverte. Au cours de cette période apparaît le rayonnement, forme solaire par excellence. Lors de ces différentes étapes, l'enfant est donc passé de la spirale, énergie première, à l'œuf, matrice contenant la vie, au rayonnement qui exprime et diffuse l'énergie.

La maîtrise graduelle du geste prédispose à l'étape suivante : le bonhomme-têtard. Aux alentours de trois ans, tous les enfants du monde tracent le bonhomme, schéma universel représenté par un cercle duquel partent des

Dessin 1
Tracé en forme de spirale effectué par François, deux ans et demi.

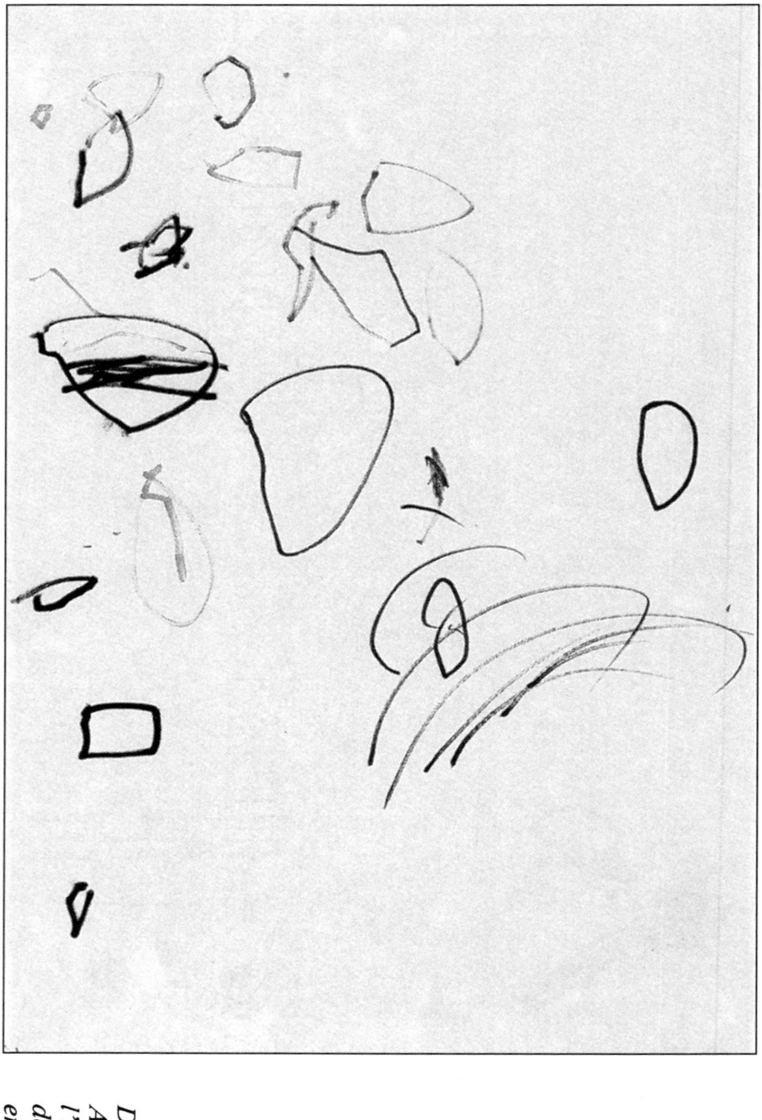

Dessin 2
Apparition de l'angle dans les dessins du même enfant.

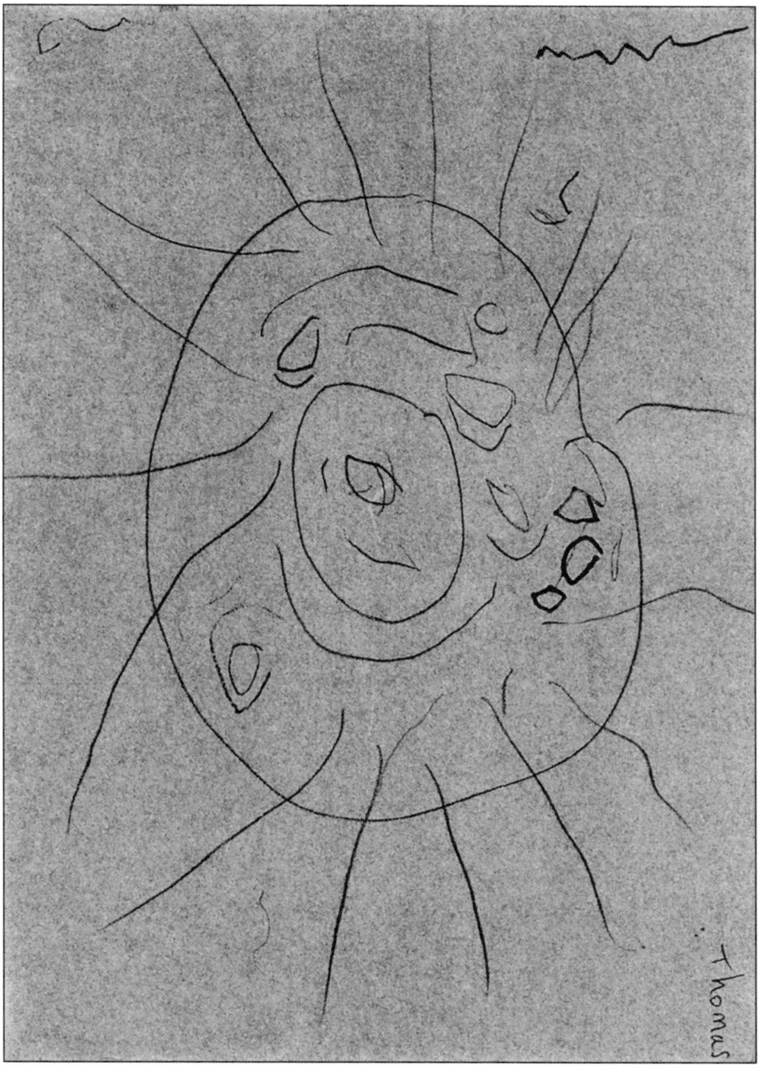

Dessin 3
Rayonnement accompagné de formes isolées (Thomas, trois ans et demi).

bâtons figurant les membres. L'évolution du bonhomme est à l'image de l'évolution de l'enfant. Ce dernier projette dans son dessin l'image de son propre schéma corporel. Il montre ainsi la conscience qu'il a de son corps. Ce qui est évident pour l'adulte ne l'est pas pour l'enfant. Celui-ci se perçoit tout d'abord comme une globalité, un tout qu'il représente par un cercle-ventre, un centre de vie duquel émanent les membres. L'enfant en bas âge ne connaît pas la différenciation entre le ventre et la tête, entre l'abdomen et le thorax. Voilà pourquoi il trace les formes de bonhomme-sac ou bonhomme-patate qui se transforment petit à petit, au fur et à mesure que l'enfant expérimente son corps et son espace environnant.

Il lui faut apprendre la différence entre l'intérieur et l'extérieur, il ne délimite pas son propre corps. Il ressent le plaisir ou le déplaisir et ce n'est que petit à petit qu'il prend conscience de son espace corporel, qu'il sent véritablement qu'il habite son corps. Au fur et à mesure que l'enfant localise les différentes parties de son corps, le bonhomme-têtard évolue, se différencie et s'enrichit. L'évolution du bonhomme permet donc de suivre l'évolution de l'enfant.

Normalement, aux alentours de cinq ans, le personnage doit être articulé.

Très tôt apparaît la notion d'axe central qui sous-tend la forme : axe médian fait d'une série de boutons sur le devant du corps, ou division centrale de la route, de l'arbre ou de toute autre représentation. L'enfant ressent cet axe central à l'intérieur de son propre corps, articulation du mouvement, partage entre la gauche et la droite. Il l'exprime symboliquement dans son graphisme en partageant en deux la figure qu'il représente.

Rapidement, l'image du moi prend souvent des formes dérivées et devient bonhomme-arbre, bonhomme-fleur ou bonhomme-maison.

Aux alentours de cinq ans, l'enfant s'efforce de repré-

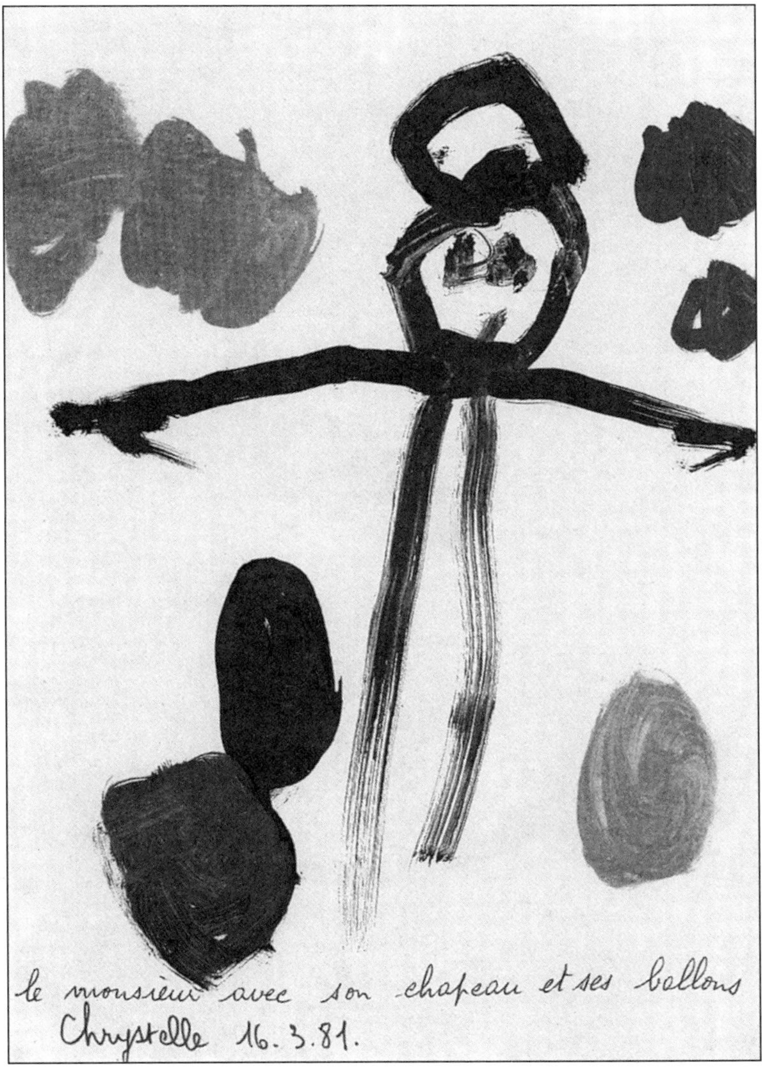

Dessin 4

Le bonhomme-têtard de Chrystelle, trois ans et demi.

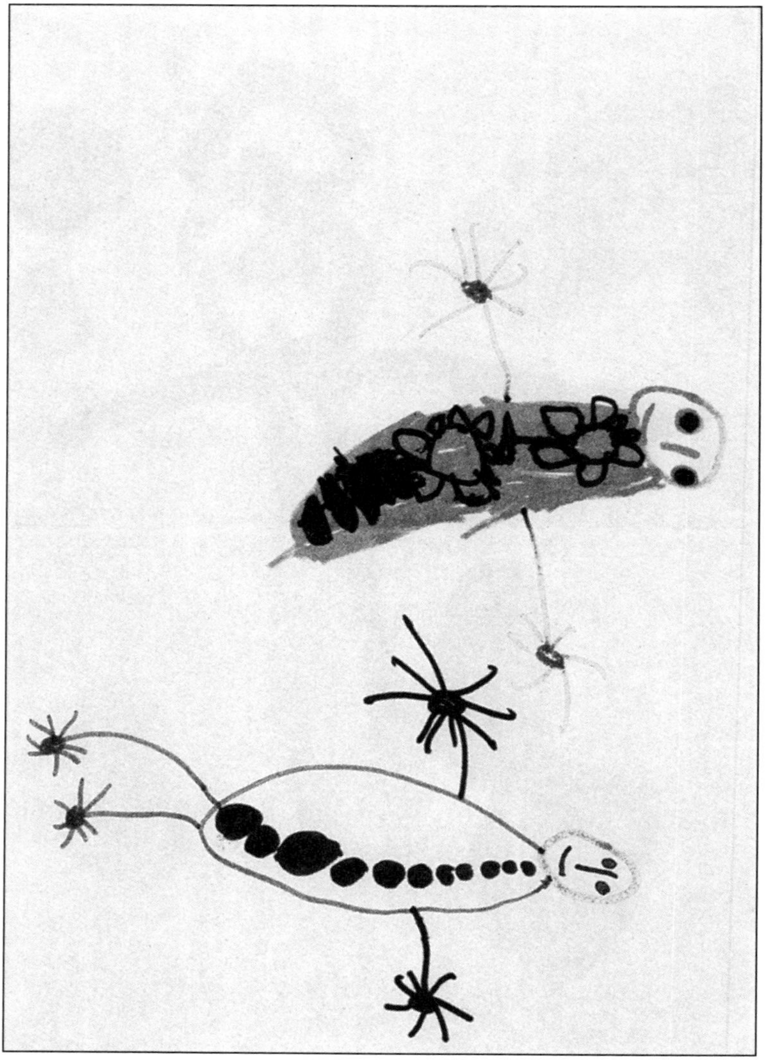

Dessin 5
Axe central délimité par les boutons sur le ventre du bonhomme.

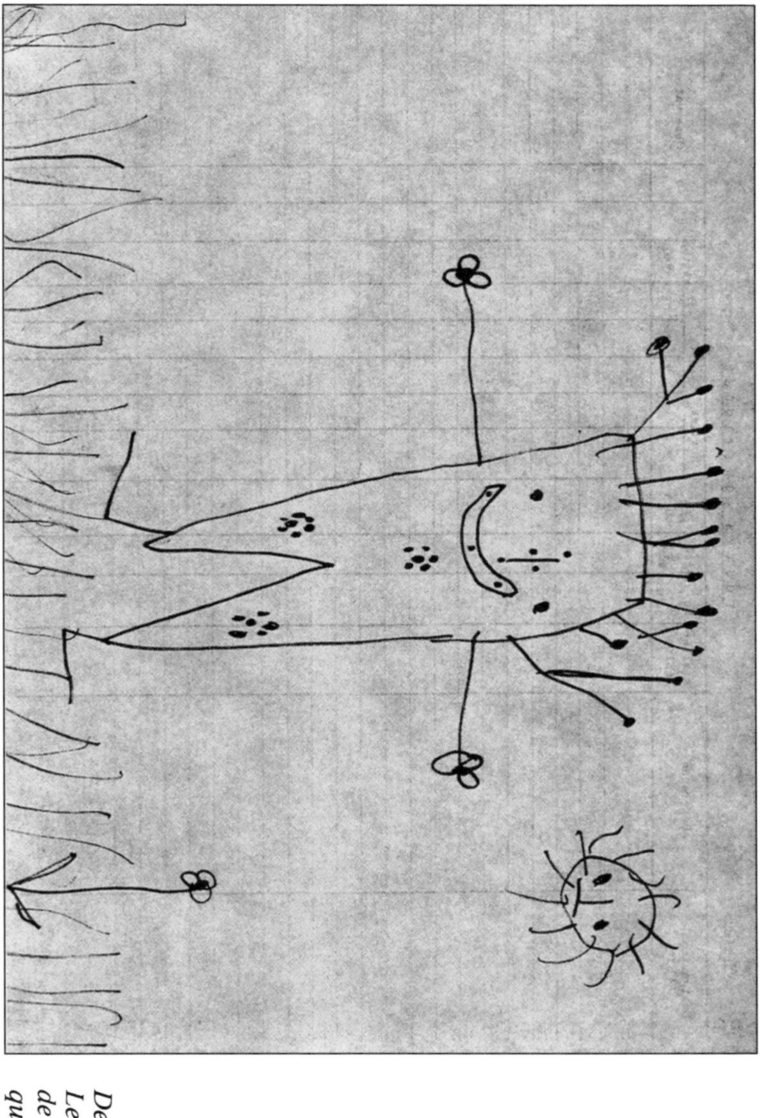

Dessin 6
Le bonhomme-arbre
de Chrystelle,
quatre ans et demi.

senter non pas ce qu'il voit, mais ce qu'il sait. C'est ce que Luquet a appelé la période du *réalisme intellectuel*. Au cours de cette période qui s'étend jusqu'à l'âge de dix ans, c'est la connaissance intellectuelle qui guide le tracé. Ainsi, un animal dessiné de profil se verra affublé de deux yeux comme s'il était vu de face. L'enfant sait qu'il faut deux yeux pour voir, donc il les représente, malgré les lois de la perspective.

L'objet est représenté à partir du raisonnement. Cela donne naissance à des structures telles que *le rabattement* où la table est représentée avec quatre pieds écartés, rabattus de chaque côté, où les arbres sont couchés le long de la route. Les plans s'échelonnent et se superposent comme si l'objet ou le paysage était observé de différents points de vue à la fois, de face et vu d'avion.

C'est à ce moment qu'apparaît également le phénomène de *la transparence* : les meubles apparaissent à travers les murs transparents de la maison. Les objets sont dessinés à l'intérieur d'autres objets. Les membres des personnages sont visibles au travers des habits ainsi que les personnages à l'intérieur des maisons. On voit simultanément l'extérieur et l'intérieur. Contenant et contenu sont représentés de multiples façons parallèlement à l'expérimentation de l'enfant. En effet, celui-ci n'a pas la notion innée d'une existence individuelle différenciée du monde qui l'entoure. Ce n'est que petit à petit qu'il prend vraiment conscience de ces notions.

Entre l'âge de sept et douze ans, l'enfant tente de se rapprocher de la réalité visuelle. Il reproduit le plus fidèlement possible ce qu'il voit et s'efforce de respecter les couleurs, les distances ou les dimensions respectives des différents éléments. Le dessin perd en fantaisie et devient plus formel. Au-delà de douze ans, apparaissent des critères d'esthétique ou un style personnel qui varient en fonction de la personnalité et du milieu socio-culturel.

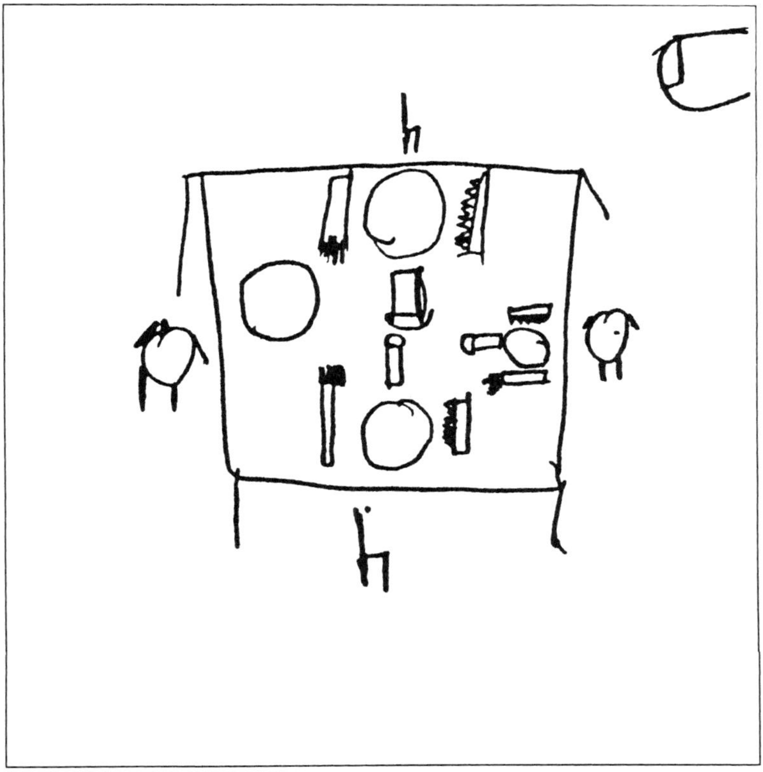

Dessin 7

Le rabattement

Dessin 8
La transparence : les personnages apparaissent à travers les murs (Chrystelle, six ans).

CHAPITRE 2

Comment analyser le dessin d'enfant

Le dessin est tout un monde en soi, c'est un univers de pulsions, d'élans et de désirs. C'est le théâtre intérieur de l'enfant. Les émotions peuvent être très intenses mais elles sont parfois très ponctuelles. La prudence est donc de rigueur et il serait erroné de conclure à partir d'un seul dessin. Au contraire, la série de dessins d'un même enfant permet de déceler les constantes ou les changements, les questions que l'enfant se pose et le cheminement vers la résolution de celles-ci. Un dessin est toujours significatif en soi, mais il prend toute sa valeur lorsqu'il est situé dans une globalité. De même, un instant de la vie, aussi fort soit-il, ne prend toute sa signification que lorsqu'on le rattache au contexte et au déroulement dans le temps, aux événements qui l'ont précédé et à ceux qui le suivent.

Afin de comprendre aisément l'évolution de l'enfant, il est souhaitable de dater les productions enfantines au fur et à mesure qu'elles sont tracées et d'inscrire au dos les commentaires de l'enfant sur son propre dessin. Ceci sera utile à l'interprétation et peut même donner la clef de l'analyse.

Le théâtre intérieur

Tout comme l'adulte, l'enfant vit des sentiments contradictoires, mais il lui est difficile de faire le lien entre les différents aspects de sa personnalité. Il se sent tour à tour bon et digne d'amour lorsqu'il obéit ou lorsqu'il répond à ce qu'on attend de lui, puis mauvais méritant le châtiment ou risquant d'être rejeté, abandonné, lorsqu'il désobéit ou lorsque ses désirs se heurtent au milieu environnant.

Or, les pulsions à l'état brut ne connaissent pas de morale. Elles émergent brusquement avec toute leur violence et leur force primitive. C'est le langage de l'inconscient, ce que Freud a appelé le « ça », la force instinctive ou animale qui est au fond de tout être humain. Cette énergie agit essentiellement en suivant un principe de plaisir. Le « ça » n'y va pas par quatre chemins, il exprime les désirs de façon puissante et irrationnelle, sans se soucier de raisonnements logiques ou de la réalité extérieure.

Les pulsions du « ça » cherchent une satisfaction sans détour, dans l'immédiat, dans l'instant. Ces éléments instinctifs ne sont pas toujours recevables et peuvent heurter suffisamment la morale pour être soigneusement refoulés dans l'inconscient. C'est ce qui se produit pour l'être humain adulte, qui selon sa morale ou sa culture, filtre ou canalise les forces instinctives qui émergent de son inconscient.

Il est difficile à l'enfant de mettre de l'ordre à l'intérieur de lui-même et il est divisé par des sentiments à la fois ambivalents et puissants où se côtoient l'amour et la haine.

Ces pulsions sont normales et doivent être exprimées, elles passent dans le dessin. Et il ne faudrait en aucun cas inciter l'enfant à modifier sa façon de dessiner, ni lui suggérer de représenter tel ou tel élément qu'il a d'office éliminé.

Le dessin est le monde intérieur de l'enfant, et, à ce titre, il mérite un grand respect. L'adulte peut utiliser cette connaissance pour être plus proche de l'enfant, mais il ne doit pas intervenir dans ce territoire intime. Quelles que soient les pulsions exprimées dans le graphisme, elles sont vitales et demandent à être libérées. Le dessin est un moyen d'expression privilégié qui peut également jouer le rôle de soupape de sécurité, libératrice et équilibrante.

Ainsi lors de la naissance d'un petit frère, il est normal que l'enfant redoute d'être supplanté par le nouveau venu. Les pulsions du « ça » manifestent tout simplement le désir de supprimer le gêneur, c'est-à-dire de faire disparaître le petit frère.

Nier une réalité douloureuse est le processus le plus simple et le plus immédiat. Cela peut se manifester clairement, tel cet enfant qui dessine une famille avec amples détails, et oublie d'y faire figurer le petit frère parce que, dit-il, « il n'y avait pas la place »... Ou cet autre, qui représente parfaitement toute la famille, mais place le nouveau-né tout seul dans son berceau au verso de la feuille ! Il peut aussi arriver que l'enfant prenne carrément la place de son frère, et lorsqu'on lui demande où il figure dans le dessin, il montre le bébé dans le berceau. Il s'identifie alors à un enfant beaucoup plus jeune. Mais cette régression est révélatrice de la crainte de ne plus être câliné autant qu'un bébé. C'est également une façon de se représenter à un âge où l'on n'est ni bon ni mauvais, cet âge d'or où l'être existe sans contrainte ni obligation, sans devoir ni morale.

Dans tous les cas, les pulsions sont ressenties avec une grande violence intérieure et suscitent une angoisse de culpabilité. L'enfant peut alors redoubler de gentillesse vis-à-vis du petit frère pour se rassurer lui-même et pour nier son « monstre intérieur », pulsion dévorante ou menaçante. Tout cela n'est pas forcément perçu par les parents car l'enfant se débat avec un monde intérieur qu'il a du mal à intégrer. Ce type de pulsion n'est pas recevable, il ne peut pas se regarder en face ni accepter ses désirs coupables.

Par contre le dessin parle et l'enfant exprime ce théâtre intérieur sans ambiguïté. C'est pour lui une façon d'évacuer le problème ou la situation douloureuse et d'essayer de les maîtriser. Le sentiment d'être tour à tour bon et monstrueux se manifeste alors grâce à plusieurs personnages. L'enfant dessine l'ange et le méchant qu'il ressent à l'intérieur de lui-même. Le bien et le mal sont extériorisés par un personnage idyllique et un personnage dangereux, humain ou animal. Car l'animal vorace ou menaçant est du même registre que les pulsions du « ça » qui se manifestent sans frein et en dehors de la raison.

L'enfant est tour à tour raisonnable et instinctif et il ne vit pas sa personnalité comme un tout cohérent et structuré. Il lui faut intégrer toutes ces facettes contradictoires pour construire sa personnalité, comprendre et accepter ses sentiments ambivalents.

Le symbolisme des couleurs

Les couleurs ont une signification psychologique. Ce n'est pas pour rien qu'une couleur attire ou suscite la répulsion. Des expériences menées en laboratoire ont permis de déterminer un rapport entre certaines couleurs et des répercussions qu'elles ont sur le plan psychique et physiologique. Ainsi, en mettant des sujets dans un environnement rouge vif, on a pu noter qu'au bout d'un certain temps le rythme cardiaque s'accélérait, que la respiration et la tension artérielle augmentaient. Le rouge vif a un effet excitant sur le système nerveux, c'est une couleur stimulante. A l'inverse, la même expérience tentée avec la couleur bleue produisait une diminution de la tension, et un ralentissement des battements du cœur et de la respiration. Le bleu a un effet calmant et incite à l'intériorisation.

Max Lüscher a largement développé dans ses travaux le rapport existant entre chaque couleur et sa signification psychologique. Il en a fait un test utilisé à l'heure actuelle par certains médecins.

Chaque couleur a un contenu affectif et émotionnel. C'est cet aspect qu'il convient de retenir ici tout en restant très prudent dans l'interprétation. En effet, la couleur autant que la forme n'a pas force de loi, mais participe à un ensemble plus vaste d'indications. Chaque élément doit toujours être situé par rapport à une globalité. Par ailleurs, il faut tenir compte de l'environnement momentané : l'enfant avait-il vraiment sous la main un choix de couleurs au moment où il a dessiné ? Selon l'âge, il apparaît parfois des choix privilégiés pour certaines couleurs plutôt que pour d'autres.

Le rouge est significatif d'action et de virilité. C'est une couleur tonique et dynamique qui exprime la puissance des désirs . Elle est par ailleurs signe d'agressivité et parfois de colère (on dit voir rouge) et plus largement utilisée avant l'âge de six ans, période pendant laquelle l'enfant ne maîtrise pas encore très bien ses pulsions. Une large utilisation du rouge peut refléter un fond d'excitation et un besoin de mouvement.

Le bleu représente la sensibilité, la réceptivité, l'émotion, l'intériorisation. C'est une couleur féminine qui symbolise la paix, la tranquillité, le repos ou, à l'extrême, la passivité, la résignation.

Le violet est le mélange du bleu et du rouge, couleurs au symbolisme opposé puisque l'une tend vers l'introversion et la passivité, l'autre vers l'extraversion et l'action. le violet représente donc la fusion des contraires et le désir d'autre chose. Sur certains plans, il peut représenter le mysticisme (c'est d'ailleurs la couleur utilisée dans la hiérarchie de l'église) mais, dans le dessin d'enfant, on retiendra plus souvent la marque de l'anxiété, de tensions contradictoires ou d'angoisse, si cette tonalité est utilisée de façon excessive.

Le jaune est synonyme de lumière, de joie et d'optimisme. Il est symbole de rayonnement et d'ouverture et montre un désir de participation ou la volonté d'aller de l'avant. L'enfant l'utilise plus volontiers vers huit et neuf ans. Une utilisation excessive du jaune peut suggérer le besoin de libérer des tensions intérieures.

Le vert est en rapport avec plusieurs aspects de la personnalité, en particulier l'estime de soi et le besoin d'être reconnu et considéré par les autres. Dans ce sens, il prend valeur d'échange ou de désir de communication. Sur le plan psychologique, selon Max Lüscher, il représente la volonté dans l'action, la persévérance et la tenacité. Cette tonalité exprime donc une constance dans le comportement et également, dans certains cas, des attitudes de résistance ou d'opposition. (On tiendra compte de l'intensité du vert qui peut être plus extraverti avec un tonalité tirant sur le jaune ou plus intériorisé avec du bleu ou du marron...). Le vert est également significatif de besoins sensoriels et de jouissance matérielle.

L'orange, constitué de rouge et de jaune, est une couleur de vitalité, d'extraversion et de désir de réussite. Elle exprime la joie, la gaieté et le dynamisme. Utilisée à l'excès elle peut, de même que le rouge, signifier une forme d'excitation ou d'agitation, mais elle est moins agressive et exprime davantage un désir de plaire et d'être remarqué.

Le marron contient du rouge, mais c'est un rouge assombri ou sali. Selon Max Lüscher, la vitalité impulsive du rouge est diminuée et apaisée par cet assombrissement. Le rouge est « cassé ». Le marron a donc éliminé l'élan créateur du rouge, sa force vitale et son activité. La vitalité n'a plus son efficacité, elle est passivement réceptive et sensorielle. Cette couleur correspond donc au corps, à la sensorialité. C'est la couleur de la terre, et dans ce sens, elle représente les besoins primitifs, la recherche de sécurité ressentie d'une façon physique. Les différentes tonalités de marron et de brun pourront apporter des indications plus spécifiques. Les bruns sombres ont un symbolisme anal et les teintes sales sont prisées par les petits, en particulier au moment de l'apprentissage de la propreté. A ce stade, l'enfant à qui l'on interdit de jouer avec ses matières fécales peut trouver une jouissance compensatrice en barbouillant la feuille de teintes sombres et sales ou en jouant avec de la pâte à modeler. Les bruns peuvent être utilisés plus ou moins amplement avant six ans. Une prépondérance de marron après cet âge peut indiquer une certaine forme de régression ou une rétention symbolique, un refus de donner. Cela peut se rattacher quelquefois à des attitudes rigides dans le comportement ou dans la pensée.

Le rose est une couleur qui signifie la paix, l'équilibre et l'harmonie. Elle contient du rouge atténué et représente donc l'affectivité mais dénuée de la passion ou de l'agressivité du rouge. On y trouvera surtout la marque de la tendresse et de la douceur.

Le noir est la négation de la couleur. Il contient une notion de tristesse et parfois de désespoir (on dit : « voir tout en noir »...) lorsqu'il est utilisé en grande quantité. En petites touches, il prend une valeur différente et met en relief les autres couleurs. Des petites taches noircies montrent l'anxiété. D'une façon générale le noir contient une notion de négation, d'angoisse, de mort et de manque d'espoir.

Le gris est neutre par excellence. Il est peu expressif autant sur le plan des sentiments que sur le plan de l'action. Si le coloriage en gris est largement pratiqué par l'enfant on peut penser à une difficulté d'expression de sentiments et une difficulté à passer à l'acte. C'est la série de dessins qui permettra de déterminer la situation plus précisément.

L'utilisation d'une couleur n'a pas valeur de règle fixe et son interprétation ne doit pas être systématisée. En effet, elle est indicatrice de données importantes, mais qui doivent toujours se rattacher à l'ensemble du dessin, et aussi à une série de dessins, en tenant compte de l'âge et de la culture. En ce qui concerne la fréquence de l'utilisation, il arrive que l'enfant ait besoin d'explorer la couleur et de l'utiliser plus amplement au moment où il la découvre. Un dessin à dominante noire n'est pas dramatique, une série de dessins très sombres échelonnés dans le temps pose question et demande davantage d'attention.

D'une façon générale on peut dire qu'une dominante de couleurs chaudes (rouge, orange, rose, jaune) reflète un tempérament plutôt extraverti, cherchant le contact et l'échange, alors qu'une utilisation privilégiée de couleurs froides (bleu, vert, gris, noir) indique une tendance à l'introversion et davantage de réserve ou de timidité. Un manque de couleur dans le dessin peut représenter un vide affectif ou un problème d'extériorisation de l'affectivité. De même, la proportion de surface blanche et de surface colorée revêt une certaine importance. En effet, la partie de la feuille laissée en blanc est un espace inhabité, vide. Cet espace est à la fois libre et insaisissable. Il exprime l'incommunicable, le silence, le rêve. D'une façon générale, des zones blanches très importantes peuvent indiquer l'importance de la vie intérieure, la tendance à se réfugier dans le rêve ou une difficulté à avoir une emprise solide sur le réel, mais il faudra tenir compte de l'âge et utiliser cette donnée avec prudence. Une partie importante du dessin laissée en blanc peut représenter symboliquement l'interdit, un domaine tabou ou passé sous silence. Un grand blanc entre deux personnages montre une distance symbolique.

Lorsque le blanc, indice d'intériorisation et de réflexion, disparaît systématiquement sous la couleur, que toute la surface est utilisée de manière excessive et répétitive, on peut faire l'hypothèse que l'enfant a tendance à adhérer pleinement à l'environnement et réagit fortement dans l'instant sans prendre de recul. La densité de remplissage dépend de l'enfant et de la période qu'il traverse. Souvent le remplissage systématique avec divers éléments tels que pluie, neige, confettis ou taches diverses a un effet rassurant sur lui. Il prend alors possession de la totalité de l'espace, en faisant disparaître le vide qui contient en lui-même la question de l'absence, du néant ou de l'infini. Prendre possession du vide, lui donner corps, l'habiter, rassure et donne une sensation de maîtrise du monde. Mais ce phénomène, lorsqu'il est largement utilisé, est l'expression d'une tension ou d'une anxiété. Une série de dessins permettra d'en trouver la raison.

L'utilisation de l'espace

Inconsciemment, on utilise l'espace que représente la feuille de papier de la même façon que l'on habite l'espace environnant. Certaines personnes aiment prendre toute la place, d'autres n'osent pas et mesurent ou inhibent leurs gestes. Cela se répercute dans l'écriture autant que dans le dessin qui pourra remplir généreusement toute la feuille ou occuper un espace minuscule. On prend possession de l'espace graphique comme on prend possession de l'espace autour de soi. Ceci reflète donc la façon de s'affirmer et de considérer le milieu.

L'analyse du dessin d'enfant répond aux mêmes lois de base que l'interprétation de l'écriture. Nous allons donc aborder la signification symbolique des différentes parties de la feuille selon des notions utilisées en graphologie depuis fort longtemps, en particulier à travers le symbolisme de Pulver.

Divisons symboliquement la feuille de papier en quatre directions : le haut, le bas, la gauche et la droite.

De tout temps, les hommes se sont tournés vers le ciel et ont situé vers le haut les notions d'esprit, d'idéal et de divin. Le ciel et le haut de la page correspondent à ce qui est « au-dessus de soi ». On y trouve les valeurs supérieures, ce qui est difficile à atteindre. C'est le monde du rêve, de l'imaginaire et de la spiritualité.

La partie inférieure de la page fait « opposition » à la lumière qui vient d'en haut. Le bas de la page représente donc le monde obscur des pulsions inconscientes. C'est le domaine de la terre, du concret. Le bas de la page est en rapport avec la vie de tous les jours. On dit avoir les pieds sur terre. Mais c'est aussi le sol sur lequel on repose, la Terre-mère nourricière et végétative, élément statique et régénérateur.

L'importance de la terre dans le dessin représente, dans

Dessin 9
Le dessin de Soizic (trois ans), minuscule et perdu dans la feuille, montre l'inhibition et le sentiment d'infériorité de l'enfant.

certains cas, le besoin sensoriel de nourriture et de sécurisation physique.

On peut noter dans certains dessins une composante à dominante nettement verticale pour tous les éléments qui relient le ciel et la terre. La maison elle-même peut être particulièrement élancée et ressembler à une maison-totem ou avoir une forme phallique qui s'élance vers le ciel. Les arbres ou les divers éléments du paysage peuvent contribuer à ce mouvement ascensionnel.

Quelquefois, l'accent est mis sur la composante horizontale, axe de relation et de communication, avec des formes privilégiées qui épousent de près ou de loin la ligne de l'horizon : tracé d'un chemin, bras écartés du bonhomme ou tout autre mouvement qui relie la gauche et la droite.

Trait vertical et trait horizontal sont des représentations primitives et universelles qui se réunissent dans le symbolisme de la croix que l'on retrouve dans toutes les civilisations. La croix divise l'espace avec l'axe des points cardinaux, elle est la base de toute orientation. Son centre est aussi le centre du moi, de l'individu qui s'inscrit dans l'univers environnant. Elle articule des valeurs spatiales et temporelles. C'est un grand symbole commun à toute l'humanité.

Le mouvement gauche-droite, par contre, correspond au geste qui part de soi et qui va vers l'Autre. C'est un axe de rencontre et de communication. Dans ce sens, la partie gauche de la feuille symbolise le passé et la partie droite l'avenir. Pour chacun de nous, le passé contient des valeurs sécurisantes dans la mesure où c'est le domaine du connu, alors que la notion d'avenir véhicule toujours l'incertitude et l'inconnu. L'axe gauche-droite révèle à quel point l'enfant a besoin de sécurisation ou comment il affronte ce qui est devant lui. Il indique sa relation à la vie et aux autres en général.

Le passé le plus ancien auquel on puisse remonter est

la naissance, première étape marquante de la vie qui s'accompagne du lien viscéral avec la mère. Cette dernière représente les valeurs sécurisantes et protectrices associées au désir d'être comblé de chaleur, d'amour et de nourriture, étape où les choses viennent d'elles-mêmes sans avoir à lutter. La partie gauche de la feuille représente autant la mère symbolique que la mère réelle et donne des indications sur le lien qui existe ou qui est ressenti par l'enfant entre sa mère et lui-même. Un dessin collé à gauche montre un enfant « dans les jupes de maman », qui cherche le bien-être et la sécurisation maternelle.

Ce n'est que dans un deuxième temps que l'enfant découvre la relation au père. Dans le schéma symbolique, ce dernier correspond à la partie droite de la feuille, partie qui révèle la rencontre de l'autre et l'affrontement devant l'autorité de la vie. La partie droite est aussi le domaine de l'avenir et de l'inconnu, et renseigne autant sur la relation au père que sur la relation à la vie en général.

Dessin 10

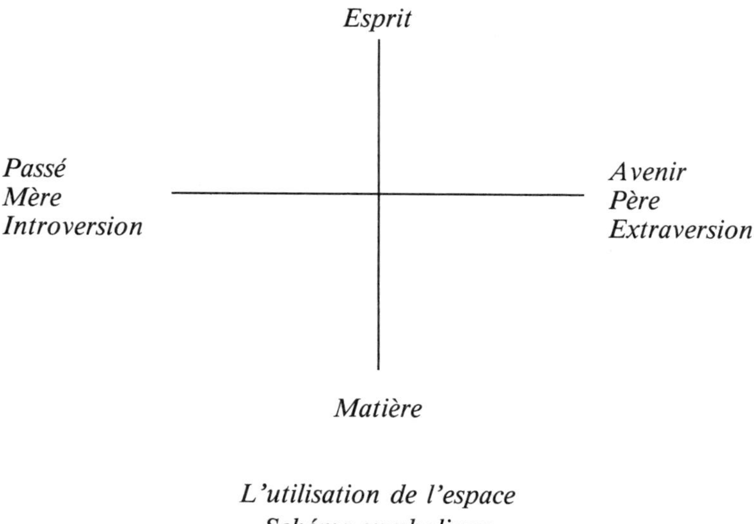

L'utilisation de l'espace
Schéma symbolique

On tiendra compte de l'occupation de l'espace mais également de la direction des traits ou du mouvement des personnages qui se dirigent vers tel ou tel emplacement de la page.

Prenons l'exemple de l'évolution de Vincent (cinq ans) échelonnée sur cinq mois. Dans son premier dessin, Vincent se représente tout en bleu, ce qui indique une dominante de sensibilité, d'émotivité et d'introversion. Son personnage est dans la partie gauche de la feuille et de taille relativement petite. Vincent ne prend pas toute son envergure et cherche protection auprès de la mère. Même les pieds du personnage se dirigent vers la gauche ! Il n'y a aucune ambiguïté ! On remarque un grand vide dans la partie droite, domaine de la relation aux autres et de la relation au père. L'émotivité et le manque de confiance (personnage petit) freinent Vincent dans sa communication avec les autres. Il se peut qu'il ressente une certaine crainte mais, par ailleurs, on peut penser que la présence du père est insuffisante.

Les parents très ouverts et attachés à l'enfant ont modifié leur relation avec lui, d'une part avec moins de protection du côté maternel, laissant plus d'indépendance à Vincent, d'autre part avec plus de présence du côté paternel. On voit l'évolution se faire progressivement dans le dessin de l'enfant. Un mois après son premier dessin, Vincent dessine des personnages qui sont un peu plus grands et se détachent légèrement du bord gauche de la feuille. Pourtant, les pieds sont encore bien dirigés vers la gauche, montrant que l'enfant est prêt à se réfugier auprès de la mère au moindre problème. Dans le troisième dessin, l'évolution se manifeste nettement avec une maison (autre image du moi) fermement installée dans le milieu de la page. La fumée montre un élan franc vers la droite, vers les autres, vers l'avenir. Ensuite le moi expansif prend toute la place dans la feuille au moment où Vincent s'inscrit mieux dans son contexte et prend

Dessin 11
Le personnage de Vincent (cinq ans) est collé à gauche, montrant l'attachement excessif à la mère.

Dessin 12

L'enfant se détache de l'image maternelle, le personnage s'éloigne du bord gauche de la feuille.

Dessin 13
L'importance du mouvement vers la droite : Vincent évolue et va davantage vers les autres.

bien sa place parmi les autres (voir hors-texte couleur). Il peut s'imposer davantage. Toutefois les bras sont coincés sous la cape. Vincent n'est pas encore à l'aise pour tendre le bras vers l'autre, pour donner et recevoir en toute liberté. La cape bleue indique que le fond émotionnel joue un rôle important ici. Mais l'évolution opérée est significative et très positive.

Le trait

Le trait en lui-même contient des indications non négligeables de par sa pression autant que sa forme. Lorsqu'il est tracé avec force sans hésitation, il exprime la vitalité et l'affirmation de soi. Il arrive que l'enfant y mette tellement de conviction qu'il troue le papier, ce qui indique des réactions fortes et immédiates y compris l'audace, la violence et la colère. Au contraire, lorsque le trait est particulièrement léger, cela dénote une sensibilité plus délicate, mais par ailleurs le tracé s'affirme moins. On le rencontre chez les enfants timides ou ceux qui ont du mal à s'affirmer. Dans cet ordre d'idées, le trait en pointillés est la marque d'une inhibition plus ou moins forte qui s'accompagne d'indécision.

Comme à chaque fois, il faudra nuancer selon le caractère ponctuel ou répétitif d'un signe. Par exemple, un enfant peut fort bien faire quelques dessins aux contours faits de pointillés en copiant sur le dessin d'un autre. Il découvre, s'intéresse et tente de faire la même chose mais cela ne durera pas si ce n'est pas en accord avec son « moi ». S'il adopte ce schéma et le maintient dans le temps, c'est que finalement, cela correspond à quelque chose qu'il ressent profondément.

La forme

Quant à la forme, la courbe est plus douce, plus tendre et féminine alors que l'angle évoque davantage la force, la dureté, et la virilité. Un dessin harmonieux contient des traits courbes et des formes anguleuses, équilibre de la vie entre l'adaptation et l'affirmation. Trop de souplesse et d'arrondi montre un enfant adorable mais passif, peu armé pour se défendre. Trop de pointes et d'angles reflète un caractère vif, combatif, volontaire mais agressif et peu sociable.

Les traits hachurés, les striations et les noircissements sont la marque d'une anxiété vivement ressentie. La zone ombrée correspond souvent à un point noir dans la vie de l'enfant.

On remarque des gommages et des ratures particulièrent répétitifs dans les cas de manque de confiance et de désapprobation de soi-même. Il convient, dans ce cas, d'aider l'enfant a prendre confiance en lui.

Dessin 15

Les contours en pointillés révèlent un caractère introverti, avec tendance à l'inhibition et à l'indécision.

CHAPITRE 3

L'image parentale

Les personnages peuvent être dessinés sans ambiguïté et le portrait maternel autant que paternel apparaît assez clairement dans le dessin de l'enfant. Nous y reviendrons plus en détail dans le chapitre concernant le bonhomme et la famille. Toutefois, la symbolique maternelle et paternelle est en analogie avec des valeurs inconscientes qui habitent les couches profondes de chacun de nous. Parmi ces valeurs au contenu mythique ou archaïque, on rencontre fréquemment les éléments suivants.

L'élément féminin peut se manifester à travers la symbolique de l'eau. L'océan représente l'eau primordiale. Il est à l'origine de la vie comme l'eau de la gestation baigne l'embryon et précède la naissance. Cette période de la vie est reliée à l'inconscient, symbiose primordiale avant la première différenciation, celle de la naissance. L'eau, fécondante et nourricière, englobe et porte. C'est un milieu mouvant et protecteur. Elle est symbole de fertilité, de dissolution et de régénération. Elle marque aussi l'état fusionnel propre à la vie intra-utérine, la puissance de l'inconscient, la sensibilité émotionnelle. L'eau dans le dessin représente la puissance féminine, la mère symbolique ou la mère réelle. On y trouvera également le féminin en soi, c'est-à-dire le pôle sensible et émotionnel de l'enfant, sa part de féminité ou de réceptivité. L'image de l'eau qui épouse la pente du terrain ou la forme du contenant évoque la souplesse d'adaptation, l'imaginaire, le rêve ou la passivité.

La présence maternelle peut être représentée par une étendue d'eau : la mer, le lac, l'étang, eau silencieuse et porteuse de vie.

La forêt, ombreuse, profonde et secrète, fait également partie des symboles féminins. Tour à tour protectrice et menaçante, elle représente le sanctuaire, le refuge, mais aussi le danger des mauvaises rencontres, projection des menaces de l'inconscient. Elle exprime la peur d'y rencontrer les forces profondes que l'on porte en soi, et qui peuvent surgir à tout moment de son obscurité mystérieuse. Bien souvent, dans le message des contes, langage symbolique par excellence, la forêt, tout en étant dangereuse, protège le héros dans les moments difficiles, elle le cache et le nourrit au moment où il se transforme au cours d'une étape d'initiation. La forêt est donc porteuse d'un aspect de la mère, en particulier par son côté végétatif, enveloppant et protecteur.

L'eau, l'humidité et la terre sont liées à la féminité. La terre nourricière, qui reçoit, transforme, fait mûrir et germer en son sein, est associée à la mère universelle et féconde qui donne et reprend la vie.

Il arrive que l'enfant, dans la rondeur des collines, dessine clairement les seins de la mère, symbole d'amour, de nourriture et de tendresse.

La grotte ou la caverne, principe obscur et souterrain, peut traduire, selon l'âge, des inquiétudes sexuelles mais fait également partie, comme tous les contenants, de la symbolique de la mère. La grotte, ventre de la terre, est une représentation du ventre maternel avec tout ce que cela implique de régression à un état antérieur et de recherche de l'origine.

Les éléments qui contiennent, protègent et abritent, sont toujours porteurs de la notion du féminin et de la mère. Il arrive que l'arc-en-ciel joue ce rôle lorsque l'enfant s'abrite dessous et met son bonhomme littéralement sous cloche. L'arc-en-ciel sert alors de poche protectrice. On pourra retrouver cette idée dans certaines constructions telles que l'église, par exemple, qui d'une façon plus obscure et ambivalente représente le ventre maternel.

La présence maternelle ou féminine est parfois exprimée à travers une simple fleur qui indique charme, douceur et tendresse. Les fleurs représentent par ailleurs l'affectivité et la sexualité

Certains animaux symbolisent la mère négative, puissante, castratrice ou dévoreuse. On rencontre cette idée sous la forme de l'araignée tentaculaire et menaçante ou celle de la sorcière dangereuse et toute-puissante. Elle apparaît telle quelle représentée par Christine — cinq ans — qui sous-titre son dessin : *La sorcière et deux bonnes fées qui vont la mettre en prison*. L'image de la mère-marâtre est ponctuée de noircissement qui indiquent l'anxiété devant la colère de la mère. Dans ce cas le portrait de la mère est dédoublé en quelque sorte en mère-fée qui comble et réconforte et en mère-marâtre qui exige ou punit. L'enfant ressent fortement ces deux aspects devant lesquels elle se sent impuissante. Elle n'a, en effet, ni les pouvoirs de la sorcière, ni ceux des fées.

D'une façon générale, lorsqu'il y a ambiguïté, c'est l'ensemble du dessin et la partie gauche de la feuille qui permettent d'affiner et d'identifier le portrait maternel.

L'image paternelle, en dehors du personnage masculin facilement identifiable, se manifeste de différentes façons. Alors que la terre et l'eau sont en analogie avec la puissance créatrice féminine, l'air et le feu véhiculent des notions masculines. Le soleil, en particulier, est symbole du père, du divin et de l'énergie cosmique.

Le soleil féconde la terre, donne la vie. En tant que symbole cosmique, il représente le renouvellement perpétuel de la vie, l'éternité. L'être humain a exprimé cela à travers le culte de dieux solaires, héros tout-puissants qui incarnent la manifestation du principe de vie. Le soleil éclaire de sa lumière et dissipe l'ombre. Dans ce sens, il représente la lumière intérieure, la conscience, l'intelligence qui clarifie. Il est à la fois puissance, fécondité et connaissance suprême, symbole divin du principe créateur masculin. Or, pour l'enfant, le père est un dieu tout-puissant, détenteur du savoir et de l'autorité. C'est aussi « l'œil qui voit tout », puissance magique qui peut percer toutes les ambiguïtés. Le père est « Dieu le père », héros, sauveur ou protecteur qui peut aussi punir.

La façon dont le soleil apparaît dans le dessin renseigne sur la relation avec le père et montre comment l'autorité est ressentie.

S'il est puissant et rayonnant, il signifie l'importance de l'image paternelle. Lorsqu'il est redouté, sa présence est plus discrète et apparaît au loin sur l'horizon. Le soleil couchant n'est pas forcément un essai esthétique et sa lumière rougeoyante symbolise à la fois le soleil mourant que l'on souhaite voir disparaître et l'agressivité de la couleur rouge. La plupart du temps, le soleil couchant indique un conflit avec le père ou avec l'autorité.

Il arrive que l'enfant place son soleil systématiquement à gauche. Or, la partie gauche de la feuille est en rapport avec la mère. C'est que l'enfant a le sentiment que

Dessin 16
La sorcière, image de la mère négative.

l'autorité vient de la mère. C'est elle qui donne les ordres et dit ce qu'il faut faire.

C'est le cas dans les dessins d'Emelyne (cinq ans) : on voit à gauche, dans la zone symboliquement maternelle, un arbre puissant et ferme accompagné d'un soleil. Emelyne ressent sa mère comme un personnage solide et équilibré. Elle a le sentiment que c'est elle qui incarne l'autorité. A droite, dans la zone symbolique du père, on trouve un oiseau et un papillon, symbole de séduction, ainsi que des fleurs et des petits coeurs dans l'herbe. Du rapport gauche-droite, on peut déduire que, des deux parents, c'est sur sa mère qu'Emelyne a le sentiment de pouvoir vraiment s'appuyer et que, par contre, elle a surtout un rapport de séduction avec le père (ceci étant confirmé par ailleurs par une série de dessins).

Dans le dessin d'Amélie (cinq ans) la relation au père est empreinte d'une grande agressivité. Symboliquement, Amélie envoie des flèches vers le soleil qui est mutilé. Elle se révolte contre une autorité paternelle mal acceptée. Les flèches montrent sa rébellion. Celles qui sont dans la maison ne se dirigent pas vers quelque chose de particulier, mais montrent le sentiment intérieur de l'enfant. Ce dessin invite à revoir la relation au père. Cela ne veut pas dire qu'il n'y a pas d'amour entre eux, mais le père devra comprendre que son autorité est source de difficulté intérieure pour l'enfant, qu'il lui faudrait exprimer sa puissance autrement. Il convient cependant de ne pas oublier l'aspect ponctuel du dessin. Il est possible qu'Amélie ait expulsé par ce moyen immédiat une violente colère contre son père. Dans ce sens, le dessin, quel que soit ce qu'il exprime, est toujours salutaire et dégage les émotions fortes de l'enfant.

Pour Patrick (onze ans), les relations maternelle et paternelle sont deux choses bien séparées. Sa feuille est divisée presque exactement au milieu avec à gauche une ferme, un poulailler, un arbre protecteur, région habi-

Dessin 17
Dessin d'Emelyne : la mère incarne l'autorité, le père suscite la séduction.

table et sécurisante, productrice de nourriture et, à droite, le soleil qui se couche derrière le cimetière. On peut se demander si Patrick n'a pas « mis une croix » sur un certain type de relation au père. Il se peut qu'il ait « enterré » la relation idéale qu'il aurait souhaité avoir avec lui. Ce soleil couchant à l'horizon indique un conflit larvé avec le père. Patrick est également à la recherche de sa propre identité ou de sa virilité, symbolisée par la tour au milieu du chemin. La tour est un symbole phallique par excellence. Il est possible que Patrick puisse nouer une autre relation avec le père, lorsqu'il aura fait naître son moi viril, car la mort présente dans ce dessin est également annonciatrice d'une autre naissance.

Mais le père, représenté généralement par le soleil, peut l'être également par un personnage royal dont la couronne symbolise la suprématie et le rayonnement, ou par d'autres éléments, en particulier par des formes phalliques ou des animaux puissants.

Dessin 18
Les flèches en direction du père montrent la révolte contre son autorité.

Dessin 19
Le soleil couchant de Patrick (onze ans) est la signature d'un conflit avec le père.

CHAPITRE 4

Le bonhomme

Le bonhomme est à l'image du moi, au point que certains chercheurs en ont fait un test de personnalité et d'évaluation de l'intelligence. Parmi les travaux effectués dans ce domaine, ceux de Goodenough, de Fay et de Machover ont largement développé cet aspect.

Le but, ici, n'est pas d'évaluer mais de comprendre l'enfant à travers la représentation du bonhomme. La façon dont il le trace, l'habille, le décore ou l'affuble d'éléments imaginaires est une mine d'informations sur le ressenti de l'enfant, sur sa facilité ou sa difficulté à prendre sa place dans la vie, à communiquer et à évoluer. Le bonhomme du dessin vit mille métamorphoses aussi importantes et merveilleuses que celles de la vie intérieure de l'enfant. L'évolution du bonhomme est à l'image de celle de l'enfant (voir dessins d'Ingrid).

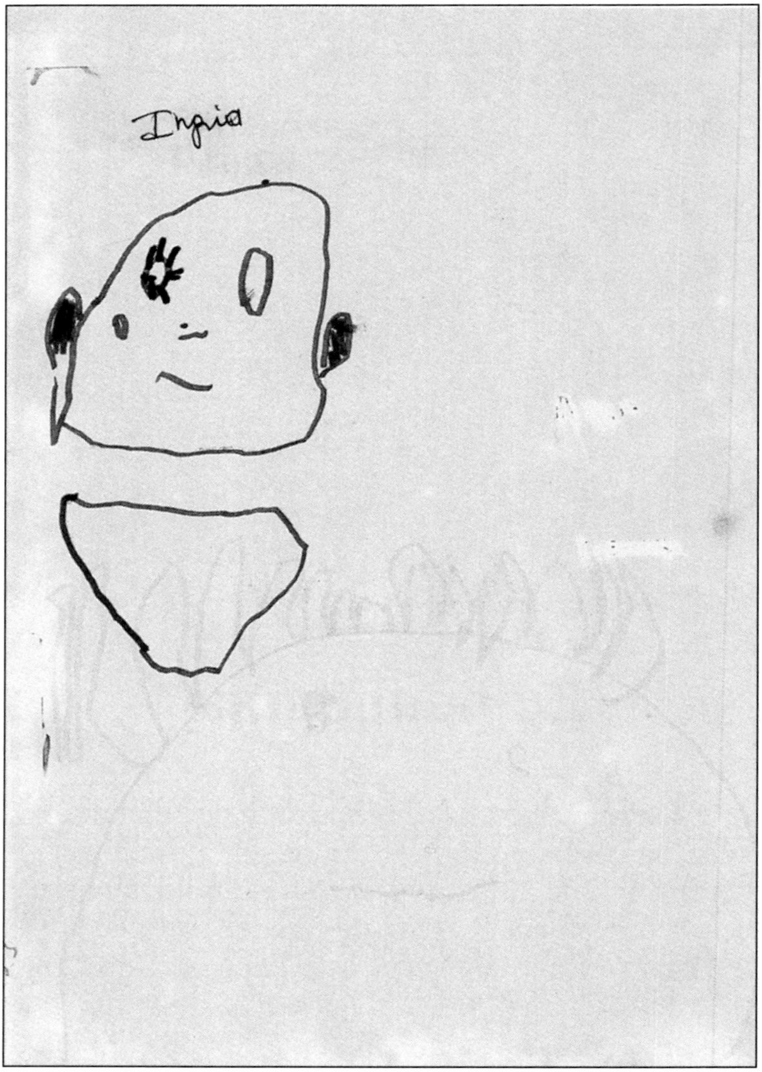

Dessin 20

septembre 1984

Les six bonshommes d'Ingrid (quatre ans) : évolution sur sept mois.

…octobre 1984

... novembre 1984

… décembre 1984

... janvier 1985

… mars 1985

La taille, les situations, les vêtements, les détails ajoutés ou les oublis sont autant de pistes qui expliquent le cheminement et les questions de son auteur. Dans bien des cas, supprimer un élément, c'est supprimer un problème ou une culpabilité liée à ce que l'on fait disparaître. Les différentes parties du corps ont chacune une signification réelle et symbolique et méritent une attention particulière. De même, les déguisements ne sont jamais anodins et l'habit du bonhomme ou son style ne manquent pas d'intérêt.

L'importance du personnage dans la page, ainsi que la puissance du trait plus ou moins appuyé, montrent la valorisation ou la dévalorisation du moi. Un bonhomme petit et isolé indique un manque de confiance et mérite qu'on encourage davantage l'enfant.

Les différentes parties du corps

La tête

Les jeunes enfants font toujours des têtes importantes à partir d'un centre, ou d'une globalité tête-ventre qui est ressentie comme un tout. On retrouve une taille démesurée pour cette partie du corps, même lorsque ce dernier s'articule d'une manière plus proche de la réalité.

La tête est le lieu de communication et de compréhension qui permet d'émettre et de recevoir des informations du milieu environnant, autant par la vue que par l'ouïe ou la parole. Le visage exprime les émotions d'une façon privilégiée.

Cette partie du corps est très importante, car c'est le

visage qui permet d'identifier une personne. La grosse tête montre l'importance du moi, qui est ressenti comme le centre ou l'élément primordial de la vie. Au-delà de huit ans, la tête prend en principe des dimensions plus exactes. Une tête énorme au-delà de cet âge révèle souvent une hypertrophie du moi ou un narcissisme excessif. Au contraire, sa petitesse indique souvent une tendance à se dévaloriser ou un terrain dépressif.

Avec la tête, on pense, on réfléchit, on contrôle les impulsions. Ainsi une tête de petite taille peut représenter la prédominance de l'instinct ou des pulsions sur la raison, si le reste du dessin va dans le même sens.

D'une façon générale, le visage exprime les sentiments de l'auteur (agressivité, douceur, inquiétude...). Les enfants anxieux ont tendance à repasser ou à accentuer les contours du visage, alors que les éléments plus expressifs tels que les yeux ou la bouche peuvent être quelque peu escamotés. C'est le cas d'Anne-Laure, huit ans, qui, pendant une période, brouille l'expression du visage, l'identité du personnage, alors qu'elle soigne les contours et les détails par ailleurs : les chaussures, la couronne. Le ciel est strié de lignes horizontales, Anne-Laure ne veut pas envisager certaines choses, elle se pose des interdits.

Le personnage est parfois représenté de profil, il a alors plus de relief. Il peut donc être l'apanage d'un enfant agressif, à condition que le reste du dessin (puissance des traits, formes acérées, couleurs tranchées) aille dans le même sens. Sinon, le profil indique une attitude de fuite : la peur de regarder en face ou de faire face aux situations. La représentation de profil est plus fréquente à la puberté, mais elle apparaît assez tôt simplement pour donner une impression de mouvement. Son interprétation mérite donc d'être nuancée.

Les yeux représentent le regard sur le monde. Ils sont le miroir de l'âme et reflètent l'être intérieur. Leur taille

Dessin 21

Les personnages dépersonnalisés d'Anne-Laure, signe d'anxiété ou de recherche d'identité.

montre le degré d'ouverture, ou le désir de voir. Ils indiquent l'extraversion et la curiosité lorsqu'ils sont de grande taille ou l'introversion lorsqu'ils sont petits, le refus de voir lorsqu'ils sont supprimés. Lors de la phase œdipienne, qui se manifeste dès l'âge de quatre ou cinq ans, tandis que l'enfant se pose beaucoup de questions sur la sexualité, on voit apparaître des yeux énormes en « boules de loto » qui expriment le voyeurisme ou le désir de voir ce qu'on lui cache. Dans certains cas, on rencontre des yeux très gros, avec juste un petit point au centre. Lorsque ceci se répète dans une série de dessins, c'est l'expression d'une peur qui mérite une recherche ou une attention particulière.

Le symbolisme de l'œil, c'est la vision physique mais également la clairvoyance, l'œil magique et tout-puissant, la conscience. C'est voir et être vu, d'où son association inconsciente avec la puissance du « troisième œil » ou avec l'œil de Caïn, œil de lumière ou de culpabilité.

Par ailleurs c'est avec les yeux qu'on séduit. L'œil a donc un caractère esthétique lié à la séduction, qui se manifeste par des yeux de grande taille aux cils longs et soignés. Ces détails sont manifestes dans les dessins des petites filles qui veulent affirmer leur féminité ou chez les garçons efféminés. Il est toujours intéressant de voir de quel côté se tourne le regard car on peut y trouver un centre d'intérêt.

Les sourcils permettent d'accentuer le regard, de le rendre plus sensible ou plus dur selon les cas, plus séducteur ou effrayant. Le système pileux en général représente la force brute, animale qui est dans l'être humain. On remarquera si le sourcil est civilisé, marquant le souci de l'esthétique et l'auto-contrôle, ou broussailleux et agressif, ce qui implique une difficulté à contrôler les instincts et la colère.

La bouche focalise toutes les tendances orales liées à l'absorption de nourriture, aux baisers ou à la parole.

Dessin 22

Dans ce dessin de Chrystelle (cinq ans), les yeux en « boules de loto » montrent la curiosité visuelle prépondérante, liée à la préoccupation sexuelle, ce qui est confirmé par la fleur entre les jambes, autre symbole sexuel.

On lui attribue une signification alimentaire et sensuelle qui se rapporte souvent à la mère-nourricière. En effet, dans les premiers mois de la vie, la mère dispense tout à la fois : amour, chaleur et nourriture . Durant cette période, appelée également phase orale, l'enfant capte et absorbe, et la satisfaction primordiale est en grande partie rattachée à la bouche qui procure le plaisir et la plénitude. Une bouche charnue indique l'avidité et la sensualité. Supprimer la bouche peut signifier une culpabilité orale, un problème lié à la nourriture ou à la mère. Il peut s'agir d'une difficulté de communication (l'ensemble étant lié) puisque la bouche permet d'articuler les paroles. Les lèvres serrées reflètent une tension ou parfois une agressivité contenue. La langue contient une signification sexuelle, sa présence montre que l'enfant se pose des questions à ce sujet ou essaie de résoudre des problèmes liés à sa propre sexualité.

Les dents plus ou moins pointues sont la plupart du temps en rapport direct avec l'agressivité que l'enfant a besoin d'exprimer. Il arrive qu'elles se découvrent dans un large sourire avec toute l'ambivalence gentillesse-agressivité que cela suppose. Elles peuvent s'associer également à la sexualité et à la puissance. Des dents saines sont symbole de force et de santé, les dents qui tombent s'associent à la perte de vitalité et de virilité. Dans ce sens, les dents ont parfois un symbolisme phallique, comme le menton d'ailleurs, qui est tardivement représenté et qui, selon son relief, indique la force virile et volontaire du dessinateur, ou le désir d'incarner cette puissance.

Le nez, de par sa forme, est un symbole phallique et sa représentation exacerbée (nez anormalement long ou déformé) attire l'attention sur des problèmes liés à la sexualité. Ainsi, les garçons qui ressentent une crainte de castration la compensent inconsciemment par des représentations phalliques nombreuses, le temps de l'évacuer.

Dessin 23
Le dessin d'Axel montre des préoccupations sexuelles à travers les représentations phalliques : nez très long, marteaux, cravate.

Les oreilles, lorsqu'elles sont mises en relief ou de grande taille, expriment souvent le désir de savoir, d'entendre, d'être au courant. On rencontre ce symbolisme chez les enfants avides de savoir ou chez ceux qui souffrent de ce qu'ils entendent (disputes trop fréquentes, cris, menaces verbales...). Il s'agit parfois d'enfants très susceptibles qui réagissent trop vivement aux réflexions qu'on leur fait (l'ensemble du dessin permettra de voir s'il s'agit effectivement d'un manque de confiance). Chez les enfants atteints de surdité plus ou moins importante, l'effort pour entendre est représenté par de grandes oreilles. Lorsqu'elles sont supprimées chez un enfant qui a l'âge de les tracer, il peut s'agir d'un refus d'entendre. Dans ce cas, les yeux et la bouche indiquent l'ouverture sur le monde et permettent de situer le degré de communication ou le repli dans le mutisme.

Les cheveux représentent une force animale plus ou moins canalisée selon la coiffure du personnage. Il faudra tenir compte de l'âge de l'enfant, car les petits tracent souvent un rayonnement solaire autour de la tête. Les cheveux sont un attribut sexuel et les petites filles qui prennent conscience de leur pouvoir de séduction soignent les chevelures de leurs personnages féminins, avec de nombreuses boucles et ondulations ce qu'on retrouve chez les garçons à tendance narcissique.

Le cou est le lien entre la tête et le corps, entre la pensée et les instincts. Il apparaît rarement avant cinq ans. Court et épais, il évoque la puissance des instincts, long et fin, il montre le désir de contrôler les pulsions. Lorsqu'il est démesuré, c'est le désir de se hisser, d'être plus grand ou supérieur sur le plan physique ou mental. On peut y voir parfois une marque d'ambition ou de vanité. Le cou absent vers neuf ou dix ans ou au-delà montre une prédominance de la matérialité.

Le tronc

Le tronc, domaine des instincts, est représenté chez les tout-petits par une forme ovoïde (après le bonhomme-têtard) avant d'être scindé clairement en buste et en bassin. La féminité est manifestée par des formes arrondies (seins, hanches, fessiers) alors que la force virile tend à s'exprimer davantage par l'angle ou le carré. Les seins sont dessinés par les petites filles qui prennent conscience de leur sexe dans une recherche d'identification à la mère. D'une façon plus générale, les seins peuvent rappeler des préoccupations orales liées à la mère ou à la nourriture en général. Ils apparaissent parfois involontairement dans le paysage (dans les collines qui épousent la forme d'une poitrine féminine).

Le nombril figure couramment dans les premières représentations du bonhomme en particulier à la période où l'enfant est préoccupé par cette partie du corps et par son utilité. Le nombril est aussi un centre, centre de soi-même, centre du monde, centre de vie. Dans les dessins d'enfants plus âgés, il est une préoccupation narcissique ou une crainte de l'échec. Le centre qui ramène à soi est d'une certaine manière le contraire de l'élan vers l'autre. Le nombril systématisé est un signe de dépendance.

Les membres

Les membres servent à communiquer, à donner, à prendre, à marcher, à agir. Ils représentent, dans une certaine mesure, l'insertion dans le milieu environnant (à condition de tenir compte de l'ensemble du dessin, taille, décors, etc.), ainsi que le contact avec la vie et l'action dans le quotidien.

On dit tendre les bras vers l'Autre ou faire le premier pas. Les directions indiquées par les bras ou les pieds ne sont pas anodines et font partie des éléments d'interprétation. Etre solide sur ses jambes veut dire qu'on est solide à l'intérieur de soi-même, que l'on a trouvé son centre de gravité. Un personnage qui ne tient pas debout manque d'équilibre intérieurement. On tiendra compte du fait que l'enfant peut dessiner régulièrement des personnages bien plantés puis soudainement faire un bonhomme qui perd pied. C'est que l'enfant, momentanément, perd pied avec la réalité ou se sent en situation d'insécurité dans son environnement. Une attitude plus attentionnée ou plus équilibrée de la part de l'adulte peut rétablir la structure solide de l'enfant. Il ne s'agit en aucun cas de l'aider à tracer un bonhomme plus équilibré ! L'adulte ne doit pas orienter le dessin, mais il doit comprendre que le bonhomme tracé sur le papier souffre, hésite, se cherche et s'équilibre comme l'enfant dans la vie. Lire le dessin permet ainsi de mieux aimer l'enfant et de se remettre en cause parfois, en tant que parent.

Les bras évoquent la sociabilité et le contact avec autrui, l'emprise sur le monde environnant. Largement écartés, il montrent le désir de participation et de communication, la sociabilité. Toutefois, lorsqu'ils sont horizontaux et raidis, on peut y voir, au contraire, une tension dans les relations avec autrui mais, de toutes façons, leur ouverture montre un besoin d'action. De grands bras dénotent une personnalité ambitieuse. Leur solidité exprime un tempérament réalisateur. Collés au corps, ils empêchent l'échange véritable et évoquent l'inhibition ou le refus de donner. S'ils pendent sans énergie, il peut s'agir d'une attitude de démission ou d'un sentiment d'échec dont on retrouvera des indices sous d'autres formes.

Les mains et les doigts participent à l'exploration, à l'action et à la sociabilité. Dans ses premiers dessins, l'enfant trace des mains-fleurs, ou des soleils au bout des doigts. Fermées ou ouvertes, elles traduisent la disponibilité ou la méfiance, l'ouverture ou la rétention. Il arrive que les doigts se terminent en griffes redoutables, exprimant l'agressivité latente ou réelle. L'omission des mains révèle une culpabilité liée à leur utilisation, ce qui est souvent en rapport avec la masturbation ou le vol. Il arrive qu'elles soient cachées dans le dos ou dans les poches, ce qui revient au même et correspond à un tempérament cachottier.

Les jambes expriment la sécurité et la puissance de l'affirmation de soi. De grande taille, elles indiquent l'action, le besoin de mouvement, alors que des jambes courtes sont plus facilement représentées par des enfants passifs. Elles sont frêles chez les sujets déprimés ou ceux qui manquent d'assurance. D'une manière générale, un personnage debout est potentiellement actif ; assis, il est passif ; couché, il démissionne devant les difficultés.

Les pieds donnent l'assise à tout le corps et révèlent, comme les jambes, le contact avec le milieu, la sécurité ou la peur. Ils symbolisent le contact avec la terre, le sol, le concret. On dit « avoir les pieds sur terre », ce qui évoque l'équilibre sur un plan plus général. Pieds et jambes serrés reflètent souvent le manque de confiance alors qu'écartés ils donnent la stabilité, la force et donc l'assurance au bonhomme.

Les pieds forment une saillie qui leur donne une signification phallique. Ainsi, ils peuvent prendre un certain relief dans le dessin des garçons ou être démesurément agrandis ou noircis lors de crainte de castration, alors que les filles ont souvent tendance à les tracer plus petits et moins agressifs. Chez les deux sexes, on remarque qu'ils sont parfois curieusement entourés de formes courbes lorsque l'enfant cherche à contenir ou à refouler son agressivité.

Ainsi, dans toute une série de dessins, Karine (quatre

ans) entoure les pieds de ses personnages avec de multiples enveloppes qui les alourdissent et les déstabilisent. Ceci montre son insécurité intérieure et son agressivité refoulée mêlée de culpabilité (les noircissements). Depuis peu, Karine a une petite sœur, il lui faut le temps d'intégrer cette nouvelle situation. Elle manque de confiance (les pieds sont serrés) malgré son désir de participation (bras écartés).

Les vêtements

Les vêtements donnent l'allure et expriment parfois des émotions ou une recherche d'identification. Ils protègent, réchauffent le corps et le cœur. Le bonhomme emmitouflé de pied en cap réclame non pas la chaleur des habits, mais la chaleur des sentiments. Il veut qu'on le réchauffe d'amour et qu'on le prenne dans les bras. Ceci explique que dans une même scène, on trouve parfois un personnage très couvert (celui qui manque d'amour) alors qu'un autre peut être en tenue d'été (celui qui, d'après l'enfant, reçoit beaucoup d'amour).

Traits, formes et couleurs des habits s'analysent selon les principes de base énoncés plus haut. Il faut noter que l'enfant dessine en tout premier lieu des personnages nus et qu'il les habille couramment vers quatre et cinq ans. Par la suite, la nudité peut exprimer le refus du rôle social que signifie l'habit. Il faut tenir compte, comme toujours, du contexte global car la nudité peut représenter la candeur, la scène du paradis ou le naturel d'une baignade sensuelle mais, dans d'autres cas, c'est la punition symbolique qu'on inflige à l'autre, un symbole d'humiliation. Celui qui est représenté nu est alors dévalorisé ou infériorisé.

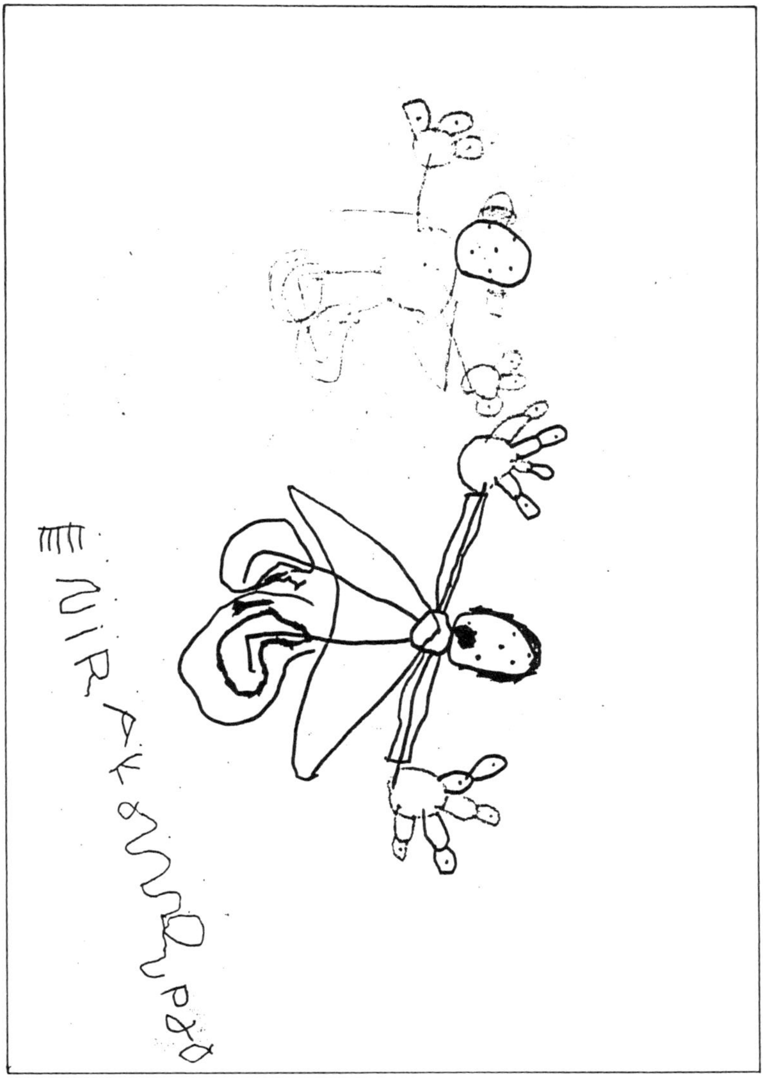

Dessin 24
Les personnages de Karine (quatre ans) dont les pieds sont entourés d'enveloppes, signe d'insécurité et d'agressivité refoulée.

Les haillons ou les habits déchirés font partie de ce processus de dévalorisation. Lorsque l'enfant se représente lui-même dans cet accoutrement, il indique sa révolte par rapport au milieu et son refus des principes sociaux.

On tiendra compte des vêtements à caractère plutôt féminin ou plutôt masculin. Certains attributs symbolisent particulièrement la virilité ; par exemple, la cravate, le revolver, la pipe, le parapluie, la canne.

Le chapeau contient souvent cette notion de virilité mêlée de pouvoir (on dit un couvre-chef). Par ailleurs, avec un chapeau, on est plus grand. Ce qui est sur la tête peut également décrire ce qui est dans la tête, c'est-à-dire les pensées.

Les poches permettent de contenir des secrets et traduisent le désir d'avoir sa vie intime. On y met des trésors. Les poches indiquent donc une volonté de possession. On en trouve fréquemment chez les enfants qui veulent recevoir, capter, avoir. Dans certains cas, cela peut signifier que l'enfant ressent un manque (lorsque les poches sont très nombreuses) réel ou subjectif et une forte demande d'affection ou de biens matériels. Les poches en excès sont souvent dessinées par des enfants dépendants. Il arrive qu'elles soient représentées au niveau de la poitrine, ce qui exprime une préoccupation sexuelle.

Les boutons décorent le personnage et lui attribuent une certaine importance.

Les accessoires qui permettent d'attacher, d'ordonner, de retenir, tels que les barrettes, les nœuds, les ceintures, évoquent le désir et les efforts pour se contenir, pour être conforme à l'exigence de l'environnement ou de l'éducation. La ceinture en particulier sépare le haut et le bas, l'intellect et les instincts. On voit parfois une taille fine, une « taille de guêpe » qui risque de se rompre lorsque l'enfant a un contrôle précaire sur ses instincts et sur ses pulsions.

Les habits montrent donc une identification et des sentiments profondément ressentis. Certains bonshommes empruntent l'habit qui, à lui seul, décrit tout un comportement.

Le cow-boy représente une certaine image de la virilité ; il est armé, fort et puissant. Il exprime une agressivité latente à cause de ses pistolets, symbole phallique qui montre l'identification virile. L'enfant est sur la défensive et cherche à s'affirmer.

L'indien peut être intéressant à étudier. Sa souplesse d'action, sa ruse, son aspect insaisissable, son couvre-chef (symbole de puissance) et ses flèches expriment l'agressivité et l'auto-défense.

Le gendarme incarne la loi, l'ordre, la puissance de l'autorité. Il est celui qui régente, protège ou punit. L'enfant qui se dessine en gendarme ressent souvent des tensions importantes et une agressivité forte plus ou moins exprimée (il faut observer le costume et, en particulier, tout ce qui enserre et comprime : ceintures, ligatures des poignets, col serré...). On peut penser à un conflit avec le père ou avec l'autorité qu'il représente.

Le marin est celui qui est en partance. Il traduit donc un désir d'évasion, d'être ailleurs ou d'être quelqu'un d'autre. Selon la fréquence de son apparition chez un même enfant, il pourra exprimer un désir de voyage ou une difficulté à se stabiliser, à prendre racine.

Le personnage masqué, parfois entouré d'une cape, révèle un désir de se cacher. On le rencontre chez les enfants qui mentent, mais cette attitude peut se comprendre lorsque le contexte familial est ressenti comme trop étouffant, lorsque les parents veulent tout savoir et tout le temps. L'enfant éprouve alors le besoin de se retrancher dans ses secrets.

Le robot est un héros tout puissant et gagnant, inattaquable, car il a une sorte d'armure qui l'endurcit et le rend viril. C'est souvent le symbole d'un besoin de protection, l'enfant se blinde derrière une façade et renforce ses défenses.

Le roi brillant et couronné est l'image du « moi » rayonnant et dominateur. C'est aussi, comme on l'a vu, une représentation du père symbolique. Il indique le désir d'affirmation.

La reine est une image sublimée de la mère et de la femme. Elle est fréquente dans les dessins des petites filles qui rêvent d'incarner la suprématie et l'idéal de beauté et de pouvoir. L'ensemble de la scène permet de voir s'il s'agit d'une identification au personnage ou si ce personnage représente l'image maternelle.

Le stéréotype, c'est-à-dire la représentation exacte d'un modèle ou d'un personnage parfait mais sans vie, exprime la fuite ou l'abandon ou, tout simplement, le désir de se cacher. Ainsi Xavier (treize ans), à qui on demande de dessiner un bonhomme, a tout de suite compris le risque de se dévoiler et s'applique à faire un Mickey sans bavure, parfait, mais impersonnel, puisque c'est un personnage reproduit. Ainsi, l'enfant ne s'implique pas, tout en répondant gentiment à ce qu'on lui demande !

Le bonhomme de Xavier, stéréotype prudent, lui évite de livrer son moi à n'importe qui.

On rencontre parfois le stéréotype avec répétition systématique du même visage dans les séries de dessins d'un même enfant. On pourrait croire que son auteur a décalqué les personnages. Cela se produit assez souvent chez les enfants déracinés ou abandonnés, ou ceux qui sont adoptés par des milieux culturels différents de ceux de leur pays d'origine. Le stéréotype indique alors la recherche d'identité ou l'impossibilité à vivre ce que l'on est profondément, le besoin du modèle extérieur à soi proposant une identification sécurisante. Dans les cas extrêmes, il y a tout de même un abandon de sa propre personnalité.

Dessin 25

Le dessin de Xavier, représentation exacte d'un modèle, peut exprimer la fuite ou l'abandon ou, tout simplement, le désir de se cacher.

Il arrive que l'enfant se projette dans une forme animale. L'animal principal, c'est lui-même. Les caractéristiques de l'animal choisi aident à l'interprétation.

Aymerick, par exemple, a une forte demande dans la relation maternelle. Dans le premier dessin (six ans et demi), les formes circulaires noires reflètent une anxiété liée à l'oralité. Dans le deuxième (dix ans) Aymerick manifeste une ambivalence amour-agressivité, il attend beaucoup de la mère et s'en protège en même temps. Le dos de l'animal est hérissé de piquants, les dents sont pointues. La puissance instinctive est forte. Dans la réalité, Aymerick est corpulent et trouve des compensations manifestes dans la nourriture (voir hors-texte couleur, dessins 26 et 27).

La sexualité

Dès l'âge de quatre ou cinq ans, la recherche d'identité sexuelle se manifeste. En dehors des signes évidents de virilité (épaules carrées, barbe) ou de féminité (robes, bijoux, cheveux ondulés, grands cils), on voit apparaître des attributs ou des objets dans l'environnement qui renforcent l'idée de virilité ou de féminité : objets phalliques et formes agressives dans le premier cas, ou objets creux, eau, fleurs dans le deuxième cas.

Les préoccupations sexuelles ou l'intérêt pour la sexualité se manifestent souvent par un renforcement discret du crayonnement sur les endroits sexués, seins et parties génitales.

Dans la même période, l'enfant commence à dessiner des paysages, sinon de nuit, du moins qui sont éclairés par la lune. Celle-ci, symbole du rêve et de l'inconscient, indique souvent, dans le dessin d'enfant, des questions sous-jacentes qui ont trait à la sexualité.

Appartenir au sexe féminin ou au sexe masculin n'est pas évident pour tous les enfants. Certains peuvent avoir le sentiment d'appartenir au sexe opposé ou peuvent en avoir le désir, notamment lorsque les parents attendaient un garçon au lieu d'une fille et vice-versa, ou lorsque l'enfant sent que dans la famille, un enfant de l'autre sexe est le préféré. La structure de la situation est en fait assez complexe car, au-delà des préférences ou des désirs parentaux, il reste à savoir comment la mère vit et accepte sa féminité et comment le père incarne sa virilité. Quels que soient les comportements apparents, l'enfant sent ce qui peut demeurer sur le plan du non-dit et il réagit émotionnellement en fonction de cela (voir hors-texte couleur, dessin 28).

Les interdits sexuels ou les conflits mêlés de culpabilité (souvent liés à la masturbation) se manifestent fréquemment par un barrage des régions génitales ou par la suppression du bas du corps.

Le bonhomme ou la projection qui se substitue à lui reflète l'enfant à un moment donné. Les habits, les couleurs, le paysage environnant et les multiples dessins effectués à la même période participent à l'enrichissement de son analyse.

La famille

Si l'on sollicite l'enfant pour dessiner une famille, il dessine sa propre famille ou sa vision de la famille idéale par rapport à celle qu'il a ou qu'il n'a pas. Certains personnages sont valorisés, d'autres supprimés. L'expression subjective importe sans doute davantage que le réel et l'enfant ne dessine pas forcément les parents ou les frères et soeurs tels qu'ils sont mais surtout tels qu'il les

Dessins 29 et 30

La problématique sexuelle apparaît dans les dessins de ce garçon (douze ans). La ligne qui traverse le corps du personnage ressemble à une barrière et signifie l'interdit sexuel ressenti par l'enfant. L'autre dessin exprime des tensions (quadrillage serré du buste). L'enfant a occulté le bas du corps, source de culpabilité ou de préoccupations.

Dessins 31 et 32

Axel (treize ans) dessine deux aspects différents de sa personnalité : l'un très viril, un peu raide, l'autre plus fin et féminin mais chargé d'anxiété (taches noires sur tout le costume). Axel se pose des questions sur le masculin-féminin en lui.

ressent. Cette réalité de la famille est la plus importante, puisque c'est à travers elle que l'enfant se structure, souffre ou s'épanouit.

Dans ce domaine, les travaux de Porot et du Dr Corman ont contribué à élaborer un test : le test du dessin de la famille. On donne la consigne suivante : « Dessine une famille, une famille que tu imagines ». La souplesse de la consigne permet une plus grande liberté d'expression. Si l'enfant se méfie, il peut très bien contourner l'obstacle en dessinant une famille d'animaux, pour laquelle on reconnaîtra d'ailleurs toutes les caractéristiques humaines.

On tiendra compte, comme toujours, du trait et des zones d'occupation de l'espace, en particulier la gauche, qui est en rapport avec la mère et les attitudes régressives, et la droite liée à la symbolique du père et à l'élan vers l'avenir. Pour les dessins de profil, il faut savoir qu'un gaucher dessine plus volontiers des profils tournés vers la droite et un droitier est plus à l'aise pour tracer un profil vers la gauche. Il convient de prendre ceci en considération, avant de conclure à un retour au passé ou à l'élan vers l'avenir.

Les zones laissées en blanc ne sont pas inintéressantes, car le vide représente une impossibilité ou un interdit.

Le lien qui existe entre les personnages est souvent indiqué de plusieurs façons. La plus évidente est la distance. Cette distance mesurable sur le papier est une distance subjective. On remarquera le personnage le plus proche ou le plus éloigné, celui qui est tout seul, isolé du groupe ou parfois le personnage rejeté qui est tout simplement oublié ou absent de la scène.

Le courant d'amour qui existe entre les différents membres de la famille est marqué tout simplement par le contact physique entre les personnages. Lorsque ceux-ci ont un point de contact, quelle que soit la partie du corps qui sert de lien, cela indique que l'enfant ressent un échange d'amour comme une chaîne invisible qui fait passer le courant. Le lien existant entre différentes personnes est parfois indiqué par des rappels de couleurs : les habits des deux personnages ont une similitude sur ce plan là. La couleur sert alors de jalon, elle devient une piste et un langage parallèle.

La taille est une indication facile à observer. L'importance subjective est indiquée par la taille que l'enfant attribue ou s'attribue à lui-même. On trouve ainsi une sorte de hiérarchie psychique dans le cercle familial. le personnage aimé ou admiré prend une démesure caractéristique, celui qui est moins digne d'intérêt se verra attribuer une taille de moindre importance. Celui qu'on voudrait voir éliminer est littéralement éloigné et dessiné à part.

Dans le même ordre d'idées, l'âge attribué aux différents membres de la famille ne correspond pas forcément à l'âge réel. L'enfant qui assume difficilement la venue d'un petit frère peut prendre sa place dans le berceau et se dessiner bébé. Ce type de dessin peut se lire, en fait, à plusieurs niveaux. En redevenant plus jeune, d'une part, l'enfant mérite davantage de câlins et d'attention, d'autre part, il se représente à un stade où il n'était coupable de rien, donc forcément bon et gentil, digne d'amour. Le dessin est par conséquent l'une des nombreuses façons d'évacuer l'angoisse de culpabilité ressentie par tout enfant qui jalouse le nouveau venu. Ce phénomène tout à fait normal mérite d'être compris, car c'est l'indice que l'enfant voudrait plus d'amour et a du mal à vivre l'obligation d'être le plus grand, le plus responsable ou le plus sage. Le dessin est donc un message clair : l'aîné a besoin de se sentir sécurisé.

Le nombre de personnes ne correspond pas forcément à la constitution réelle de la famille. La suppression de certains membres est facile à analyser puisqu'il existe une tendance simple de l'enfant qui consiste à faire dispa-

Dessin 33
Le dessin de Chrystelle (six ans) met particulièrement en relief l'importance de la mère. Elle lui attribue une taille beaucoup plus grande que celle du père (dans la réalité, c'est le contraire). Les trois personnages se touchent par la main (les parents) et par le pied (le père et l'enfant). Ce contact indique le courant d'amour qui circule entre eux. Mais l'enfant se sent un peu à part, car elle est légèrement en retrait.

Dessin 34
Dans le dessin de Florent, la mère est prépondérante, elle est plus communicative (ses bras sont ouverts). Le père est sur un piédestal. L'enfant exprime un conflit avec le petit frère. Il a pris soin de le mettre à l'écart et s'est dessiné un pull-over au crayon blanc. Le blanc veut dire « non coupable ». Florent se blanchit ainsi de toute culpabilité et se débat avec une agressivité latente vis-à-vis de son petit frère. L'ensemble du dessin est toutefois très équilibré.

raître ce qui est gênant ou source de souffrance. Par contre, il peut lui arriver d'introduire des personnages imaginaires dans la famille. Dans la plupart des cas, ce personnage représente un aspect de la personnalité de l'enfant. L'attitude ou le rôle qui lui est attribué est donc particulièrement important, car il manifeste souvent un sentiment que l'enfant n'ose pas s'avouer ou dont il voudrait se débarrasser (colère, agressivité, désobéissance, jalousie...). Il représente symboliquement ce refus d'une partie de lui-même par un personnage extérieur à lui.

Valorisation et dévalorisation se manifestent par la taille ou par des décorations significatives. Certains personnages sont plus en vedette que d'autres et revêtent des parures manifestes : bijoux, ornements divers ou attributs qui renforcent la virilité ou la féminité du personnage (chapeau, canne, sac...). Le personnage valorisé est la plupart du temps en relation avec l'identification de l'enfant. C'est un personnage qu'il admire et dont il veut être aimé. Il est fréquemment dessiné en premier.

La mise en scène à laquelle se livre l'enfant quand il dessine est une histoire à elle seule. L'idéal est toujours de pouvoir entendre ce que l'enfant raconte en dessinant, car il fait vivre la situation en libérant tout ce qui le préoccupe. La situation choisie, le lieu, le décor et les attitudes respectives des personnages parlent d'eux-mêmes.

La phase œdipienne

Très tôt, l'enfant tend à s'identifier au parent de même sexe et ressent une vive attirance pour le parent de sexe opposé. Le petit garçon rivalise avec le père, voudrait l'égaler et le dépasser pour capter tout l'amour de sa mère. La petite fille s'identifie à la mère, veut être aussi belle qu'elle et attirer à elle toute l'attention du père. Dans les deux cas, l'enfant veut posséder pour lui seul

Dessin 35

Chrystelle (cinq ans) dessine la séduction à l'état pur avec ce paon tenu en laisse. Il fait la roue et déploie ses charmes sous le soleil (le père symbolique).

le parent de sexe opposé, mais en cela le petit garçon ressent le père comme un obstacle puissant et la petite fille ressent sa mère comme une rivale. Or, le désir de supprimer le gêneur est irrecevable et angoissant pour l'enfant. Ce désir ne se manifeste donc pas consciemment, car il engendre une forte culpabilité. Le rival est à la fois objet d'amour et d'hostilité. C'est un schéma simple et normal. Toutefois, cette phase soulève des réactions émotionnelles très importantes. Elle fait partie de l'évolution de la personnalité, le temps que l'enfant trouve véritablement son identité sexuelle et dirige sa séduction dans les relations extérieures.

Les conflits intérieurs au cours de cette période sont vécus avec intensité. On y rencontre l'angoisse et l'agressivité. Mais les pulsions hostiles sont ressenties comme dangereuses car elles suscitent la peur du châtiment.

Les situations œdipiennes apparaissent clairement dans le dessin de la famille. On les remarque principalement par la valorisation des attributs sexués de l'enfant qui renforce sa féminité ou sa virilité. En représentant la famille, il peut se placer de façon privilégiée à côté du parent de sexe opposé, il fait couple avec lui. Le parent du même sexe est discrètement éloigné ou isolé. Dans certains cas, il est clairement l'objet d'agressivité et il subit une menace quelconque, selon la mise en scène du dessin. Parfois il est dévalorisé, moins soigné et moins décoré que l'enfant qui, symboliquement, prend sa place dans le couple. La taille des personnages entre ici en ligne de compte de façon très parlante et il n'est pas rare que la petite fille par exemple, se dessine aussi grande ou plus grande que sa mère, ce qui exprime son désir de la supplanter.

Il arrive que le dessin mette en relief la séparation du couple parental. Ainsi, le père et la mère sont séparés, simplement éloignés ou clairement dissociés, chacun à un bout de la page. Cette séparation peut correspondre

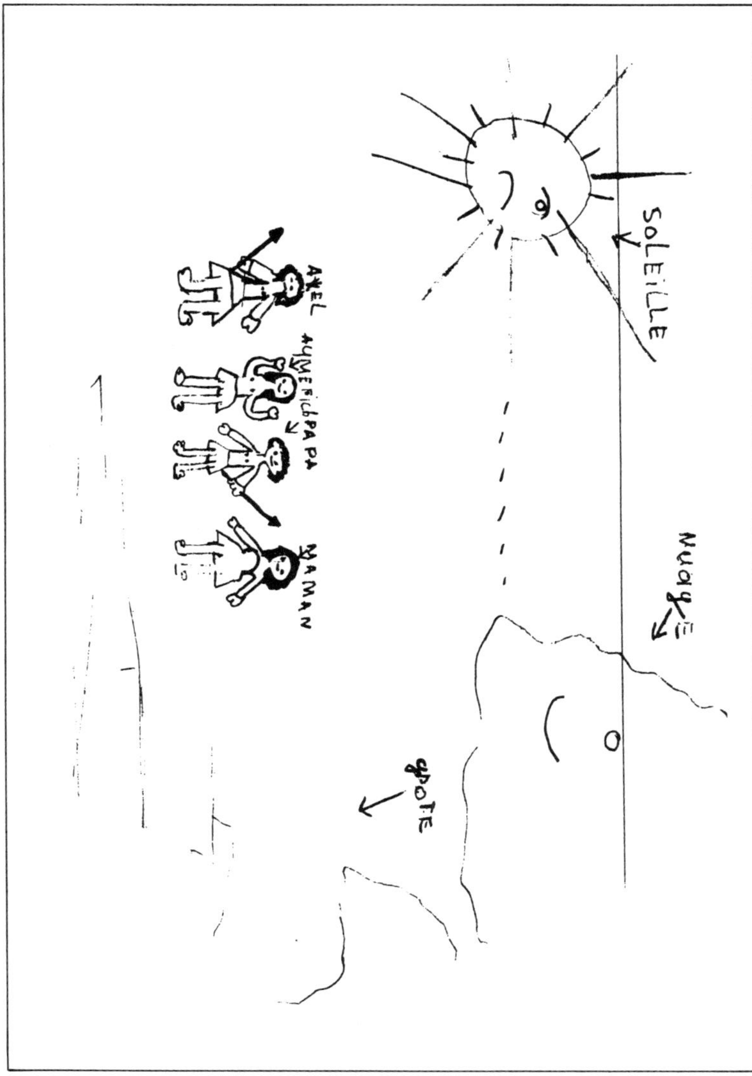

Dessin 36
Axel (dix ans) se représente plus grand que le père et armé d'une flèche comme lui. Il rivalise en virilité même s'il s'est éloigné de la mère. Sa propre flèche se dirige d'ailleurs vers la gauche (domaine symbolique de la mère). Axel est en phase œdipienne. Il s'est donné plus d'importance que son frère (treize ans), qu'il a symboliquement dévirilisé en ne lui donnant pas d'arme.

à la réalité dans le cas d'un divorce ou de l'absence effective d'un des parents. Mais là encore, les conclusions hâtives s'avèrent dangereuses, car la séparation du couple peut tout aussi bien correspondre au désir secret de l'enfant de séparer le couple parental pour occuper la place du rival. Cette jalousie, normale dans la phase œdipienne, est fréquente et le dessin a l'avantage de permettre à l'enfant de libérer la tension émotionnelle qu'elle induit. Il ne serait donc pas souhaitable d'intervenir d'une manière ou d'une autre pour influencer l'enfant ou l'inciter à dessiner autrement ! Au contraire, la décharge des conflits quels qu'ils soient est libératrice et trouve sa voie privilégiée dans le dessin.

Il peut arriver que l'enfant omette de se représenter, lorsqu'il effectue le dessin de la famille. L'élimination de soi est heureusement peu fréquente. Elle attire l'attention sur une tendance à la dépréciation de soi-même ou une difficulté à exister. C'est, en fait, un cas extrême et l'expression d'une tendance dépressive chez l'enfant. La prudence est, là aussi, de rigueur, car l'enfant peut fort bien se représenter indirectement dans un autre élément du tableau : par exemple, dans le chien que l'on caresse ou qui mérite l'affection de toute la famille...

Pour situer l'identification réelle de l'enfant, on peut lui poser des questions qui soient les plus ouvertes possibles. Par exemple, il est souhaitable de commencer par demander à l'enfant : « Désigne-moi toutes les personnes que tu as dessinées », « Que font-elles ? ». Le Dr Corman a instauré une série de cinq questions, très riches de signification (en demandant ensuite « Pourquoi ? » après chaque réponse) :

— « Quel est le plus gentil de tous dans cette famille ? »
— « Quel est le moins gentil de tous ? »
— « Quel est le plus heureux ? »
— « Quel est le moins heureux ? »
— « Et toi, dans cette famille, qui préfères-tu ? ».

Sans utiliser ces questions comme une trame rigide, on peut s'en servir de base de dialogue avec l'enfant en prenant garde de ne pas induire soi-même les réponses. Par exemple, il faut éviter de dire en montrant un bonhomme : « Que fait le papa ? » car l'identité du personnage ressentie par l'adulte n'est pas forcément celle qui est ressentie par l'enfant. C'est l'enfant qui doit donner l'identité des personnages et l'explication des situations puisque c'est lui l'auteur du dessin. C'est également sa liberté de se taire s'il sent une pression dérangeante.

Le dessin de la famille nous amène donc au cœur des préoccupations de l'enfant et des conflits vécus dans la rivalité fraternelle. Identification, valorisation et dévalorisation nous montrent toutes les étapes qu'il devra nécessairement franchir avant de prendre vraiment sa place dans la vie.

CHAPITRE 5

Le dessin de l'arbre

L'arbre est sans doute l'un des thèmes symboliques les plus riches. Il occupe une place prépondérante dans toutes les civilisations. Symbole de vie et d'ascension vers la voûte céleste, il représente la puissance, l'élévation et la croissance. De par ses racines invisibles et sa cime qui s'épanouit dans la lumière, il est un lien entre les profondeurs obscures de la terre et le domaine aérien. Il possède un caractère central par son tronc qui lui donne force et stabilité. Pour ces différentes raisons, il représente l'axe du monde et l'axe central de la personnalité. Il est également l'image de l'existence même à travers les cycles de la vie, de la mort et du renouvellement des saisons.

Le symbolisme de l'arbre contient, par ailleurs, des

valeurs ambivalentes. Il se rattache à la fois au symbolisme solaire, masculin, phallique par son tronc, sa sève et sa puissance. Mais il appartient par ailleurs au symbolisme lunaire, féminin par son feuillage mouvant et enveloppant, par les fruits qu'il porte et les nids qu'il protège.

L'arbre, image parallèle d'une représentation humaine, se rencontre autant dans la peinture que dans la littérature. La fable de La Fontaine *Le Chêne et le Roseau* en est une des nombreuses illustrations dans laquelle l'arbre est avant tout un personnage. La projection du « moi », constante dans le dessin d'enfant, trouve ici une merveilleuse voie d'expression de la personnalité. Ceci est propre à l'enfant mais appartient également à une projection inconsciente de l'adulte. Cette réalité a été pressentie au début du siècle par plusieurs psychanalystes dont les recherches ont conduit à élaborer le test de l'arbre.

L'historique

Le test du dessin de l'arbre est utilisé en psychologie, dans l'évaluation intellectuelle et affective, en orientation professionnelle et en psychiatrie. Il a valeur d'évaluation, mais aussi de pronostic. Dès 1928, le psychologue suisse Emile Jucker s'est penché sur ce sujet. Il a utilisé ses conclusions dans le but d'orienter les individus sur le plan professionnel. Les travaux de Jucker insistent beaucoup sur l'impression globale du dessin. Vers 1934, les travaux de Hurlock et de Thomson ont mis en relief l'évolution des perceptions de l'enfant à travers le test du dessin. En fait, il s'agissait d'un ensemble de représentations (arbre, bateau, petite fille, maison...) dont les éléments étaient ensuite regroupés.

Dessin 14

Occupation de l'espace : le personnage prend toute la place de même que l'enfant s'impose avec plus de force.

Dessins 26 et 27
Les dessins d'Aymerick représentent plusieurs fois le même thème : un animal plus ou moins massif et solitaire se tourne vers la mère (la gauche).

Dessin 28
Chrystelle, sept ans, a totalement féminisé son personnage avec robe, cheveux longs, cils importants, coiffe et le sac à main qui est un symbole sexuel féminin. Les fleurs renforcent la féminisation.

Dessin 52
La maison d'Axelle,
douze ans.

Dessin 61
Anne-Laure, huit ans : l'océan.

Dessin 65
Chrystelle, six ans :
le pays imaginaire.

Dessin 73
Anne-Laure, sept ans : les deux couples parentaux.

Schliebe a largement contribué à faire avancer cette étude. Sa recherche a porté sur l'expression de l'affectivité chez l'enfant. Son étude, basée sur environ cinq mille dessins d'enfants de quatre à dix-huit ans, a permis une approche statistique du rapport existant entre l'affectivité et le graphisme. La consigne était la suivante : « Dessine un arbre », première indication qui sert de point de départ à d'autres thèmes comparés. Ceux-ci ont porté sur les directives suivantes : « Dessine un arbre mort, un arbre heureux, effrayé, triste, gelé, mourant ». On a remarqué ainsi que les « arbres joyeux » sont plus grands que les autres, que les « arbres effrayés » se caractérisent par une tendance chaotique avec des branches ou des traits en tous sens. Ceux-ci ont tendance à être plus petits que la moyenne. L'arbre joyeux est généralement plus grand et respire mieux, alors que l'arbre souffrant s'incline et penche vers le bas.

Les résultats de ces recherches ont mis en évidence, de façon quasiment statistique, le rapport entre le sentiment, le comportement et le graphisme. Cela a permis d'autre part de différencier les stades du développement de la personnalité de l'enfant.

Ultérieurement, l'américain Buck mit au point un test (Home Tree Person : test de la maison, de l'arbre, du bonhomme) valable autant pour l'adulte que pour l'enfant. Buck a insisté sur la nécessité de tenir compte des associations d'idées émanant du sujet lui-même et de confronter ces données à l'histoire personnelle. Le dessin est assorti de questions diverses qui affinent l'analyse : « Quelle sorte d'arbre est-ce ? », « Quel âge a-t-il ? » « De quoi cet arbre a-t-il besoin ? »...

Les travaux du psychologue Koch sont également conséquents et ont donné lieu a des publications importantes en 1957. Ses observations donnent plusieurs significations possibles à un même tracé. Koch a utilisé le symbolisme avec souplesse en se basant sur ses expériences cliniques. Sa consigne était assez large : « Dessine un arbre », puis « Dessine un arbre mais pas un sapin ». Le sapin, en effet, risque de reproduire une forme stéréotypée qui peut servir à se cacher derrière un masque. Par ailleurs, le sapin incite à tracer des aiguilles dont les pointes suggèrent forcément une agressivité qui n'est pas nécessairement réelle.

D'autres psychologues ont laissé une grande place à l'imagination. Par exemple, Minkowska qui propose : « Dessine ton arbre », proposition qui ouvre librement les possibilités de projections. Dessiner « l'arbre de rêve » a été proposé par Montessori avec une consigne qui suscite toutes les aspirations secrètes : « Dessine un arbre de rêve, un arbre qui n'est pas dans la réalité ». Cette consigne incite à tracer un arbre qui révèle l'idéal profond.

Renée Stora a élaboré le test de l'arbre en tenant compte de données statistiques et en mettant en évidence une échelle de maturité affective concernant des enfants de quatre à quinze ans. Il leur est demandé d'effectuer successivement quatre dessins selon les consignes suivantes :

— « Dessine un arbre, mais pas un sapin »

— « Dessine un autre arbre, n'importe lequel »

— « Dessine un arbre de rêve, un arbre qui n'est pas dans la réalité ».

Le quatrième arbre est dessiné les yeux fermés. C'est une technique élaborée à partir des travaux de Spielrein. Elle permet de déceler des traumatismes anciens qui peuvent interférer avec le présent.

Dans le premier dessin de l'arbre, on remarque souvent le souci de bien faire ou une hésitation. Le dessinateur est conscient qu'on attend quelque chose de lui. Cela implique un certain contrôle des pulsions, alors que le deuxième arbre permet plus de liberté et s'accompagne généralement d'un relâchement et d'une détente qui facilitent l'expression. Cela ne veut pas dire que le deuxième arbre soit le seul authentique. Les deux doivent être soigneusement comparés, ils illustrent deux aspects de la personnalité, le premier correspond plus souvent à l'attitude visible ou voulue, le deuxième à l'image de soi ou à une tendance plus profonde. L'arbre de rêve apporte d'autres indications concernant les désirs inassouvis et la recherche de compensation.

Il va de soi que le sujet doit avoir à sa disposition feuilles et crayons qui lui laissent libre choix. La qualité esthétique n'entre nullement en ligne de compte. Tous les enfants n'observent pas simplement la consigne « Dessine un arbre » mais ajoutent des éléments et créent un paysage autour de l'arbre. Dans ce cas, l'imagination l'emporte, mais cela signifie aussi que l'enfant suit son affectivité. Chez l'adulte, c'est une marque de sentimentalité.

Comment analyser le dessin de l'arbre

Tout d'abord, il convient de tenir compte de la globalité avant d'étudier chaque détail. Chaque élément, aussi important soit-il, n'a de signification qu'à la lumière de l'ensemble. On observera successivement la position de l'arbre : sa taille et sa mise en page, le trait, puis les différentes parties de l'arbre, c'est-à-dire les racines, le tronc et la couronne. Les éléments étudiés ci-après sont plus amplement développés dans les travaux de Renée Stora, dans son ouvrage intitulé *Le test du dessin d'arbre*, Jean-Pierre Delarge, 1975.

La position

Taille et position indiquent comment l'être se situe dans la vie, comment il prend sa place. Plus l'arbre que l'on dessine est petit, plus « on se fait petit », ce qui signifie timidité, manque de confiance, peur de s'affirmer. C'est donc une tendance à la dévalorisation de soi-même. Lorsque cette particularité se retrouve dans une série de dessins du même enfant, il est souhaitable de réconforter ce dernier. Il faut l'encourager, l'écouter et le valoriser, l'aider à avoir confiance dans ses actes et dans ses idées. Un arbre très petit est un signe de dépendance.

Lorsque les trois-quarts de la page (en hauteur) sont occupés, c'est un arbre de bonne taille qui reflète une assise plus solide et une capacité d'adaptation au milieu. Il faut toutefois se méfier des normes, il n'y a pas à proprement parler d'arbre normal ou anormal mais plutôt des tendances et des individualités différentes.

Si l'arbre prend toute la place disponible, comme si la page était trop petite pour le contenir, c'est que l'enfant veut être remarqué et attirer l'attention. C'est une marque de confiance ou d'extraversion, bien que dans certains cas on y trouve une recherche de compensation. Par exemple, on devra tenir compte des variations de taille entre les différents arbres d'un même dessinateur. On y trouve parfois des ambivalences significatives. Les débordements du tracé (c'est-à-dire lorsque le dessin touche le bord de la feuille) méritent une interprétation différente selon qu'il s'agit des bords gauche-droite ou haut-bas, ce qui se rattache au symbolisme de l'espace.

En divisant fictivement la feuille en quatre bandes dans le sens de la hauteur, nous avons plusieurs éventualités. La position sur la ligne centrale verticale montre l'indépendance et l'équilibre entre le besoin de sécurisation (la gauche) et le désir de contact (la droite). C'est une position que l'on rencontre rarement. Elle est indice de matu-

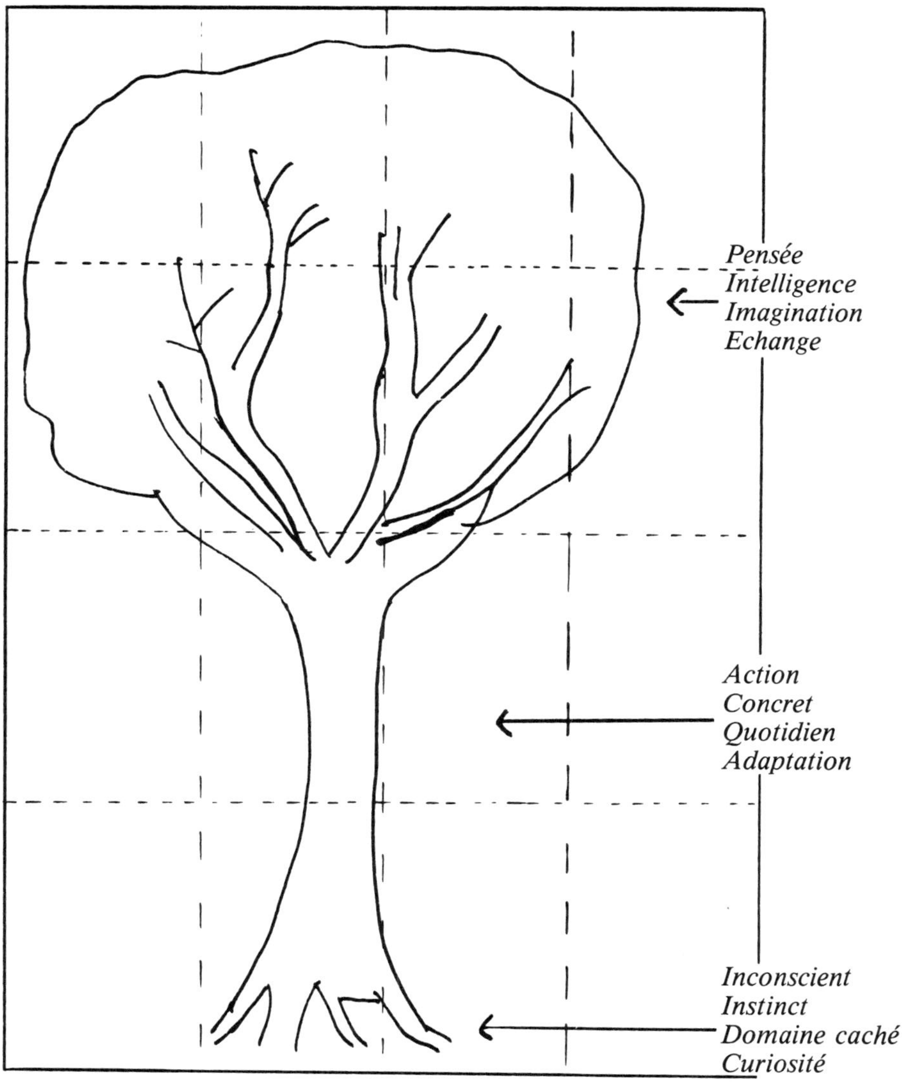

Dessin 37

La position de l'arbre

Bande 1 : position totalement à gauche.
Bande 2 : position centrale avec dominante d'orientation vers la gauche.
Bande 3 : position centrale avec dominante d'orientation vers la droite.
Bande 4 : position totalement à droite.

rité dans l'arbre de l'enfant ou de l'adulte, elle témoigne d'une certaine rigueur ou de rigidité lorsqu'elle est systématisée. Elle évoque alors le besoin d'habitude et la stabilité.

La position centrale avec dominante d'orientation vers la gauche (se développant dans la bande 2) est le fait d'un enfant qui cherche son indépendance mais qui veut des garanties sécurisantes. Il cherche à aller de l'avant, mais n'est pas « casse-cou ». Il avance à condition de bénéficier de la protection maternelle.

La position centrale avec dominante d'orientation vers la droite (bande 3) est une preuve d'indépendance. Elle exprime le désir de découvrir le monde, de participer librement à la vie dans une rencontre ouverte avec les autres. Il y a une tentative de détachement par rapport à la mère. C'est un élan évolutif. L'enfant se met symboliquement du côté du père.

Un arbre totalement à gauche ou totalement à droite (bande 1 et bande 4) attire l'attention car, dans le premier cas, l'enfant est sous la coupe maternelle d'une façon excessive, son désir de protection et de sécurisation nuit à l'échange (puisqu'il y a un vide à droite). Il convient alors d'aider l'enfant à aller vers les autres en évitant de le surprotéger.

Le cas opposé, plus rare, avec un arbre complètement à droite peut indiquer une fuite du passé (la gauche) ou d'une mère insécurisante. L'enfant se met sous la coupe paternelle et cherche à être protégé par son autorité. Une série de dessins permet alors de nuancer ce cas particulier.

Il va de soi que l'âge entre en ligne de compte et que l'importance de dessins déportés sur la gauche n'aura pas la même teneur pour un enfant de cinq ans ou pour un pré-adolescent. La trame de fond reste la même toutefois et permet à l'adulte de mieux aider l'enfant à aller vers les autres et vers la vie.

La situation de l'arbre dans le haut ou dans le bas de

la page a toute son importance, surtout dans les cas extrêmes : par exemple, le dessin situé dans le quart supérieur de la page déracine l'arbre en quelque sorte. Celui-ci flotte dans les airs et même s'il est en apparence solide, cela n'en dénote pas moins une sorte d'agitation, d'excitation ou d'instabilité (ce qui sera nuancé par l'étude plus détaillée). Au contraire, un arbre de petite taille dans le quart inférieur de la page attire l'attention sur un sentiment dépressif, souvent accompagné d'une impression d'abandon ou de dévalorisation de soi, sentiment qui peut être ponctuel ou plus profond.

Le trait

Sa vigueur et sa pression sont en liaison avec l'assurance et la vitalité. Un trait ferme, sans hésitation montre une bonne emprise sur la vie. Un trait plus ou moins ondulé indique plus de lenteur et d'hésitation, mais aussi plus de souplesse ou moins de franchise. Les retouches et les rectifications dans le dessin sont la marque d'un esprit perfectionniste : on revient sur le dessin parce que l'on considère qu'il peut être amélioré. Les retouches, lorsqu'elles sont bien faites, révèlent que l'enfant veut être parfait et cherche à correspondre à un idéal de lui-même. Il veut se montrer à son avantage.

Les noircissements sont assez fréquents et n'ont pas la même valeur selon la partie de l'arbre qu'ils recouvrent. Toutefois, on peut dissocier plusieurs tendances. Les noircissements crispés, à grands traits pointus, et repassés évoquent une colère qui couve, une agressivité plus ou moins turbulente. Ils sont l'expression de l'anxiété et de la révolte devant une situation mal acceptée.

Le noircissement homogène est plus calme en apparence. Il est le fait d'enfants sensibles qui vivent une forme d'inquiétude due à leur réceptivité à fleur de peau. L'homogénéité est en concordance avec une attitude de passivité devant l'aspect désagréable ou difficile de la vie. C'est habituellement la marque d'une imagination intense qui ouvre la porte au rêve et propose une fuite devant les situations pénibles. C'est donc l'indication d'un esprit contemplatif qui peut cacher un fond d'abattement ou de tristesse.

Le noircissement en lasso est une forme plus dynamique. Le lasso trace une forme relativement circulaire dans laquelle la main fait un mouvement vers l'extérieur puis revient vers soi. C'est donc symboliquement un élan, qui va vers l'Autre puis retourne vers le moi. Ce tracé révèle un désir d'accaparer, d'obtenir davantage, sous des attitudes douces (la courbe est souple). On rencontre le noircissement en lasso dans les cas d'attitudes de résignation apparente. C'est une forme assez fréquente dans les situations de jalousie fraternelle bien qu'il puisse y avoir d'autres raisons. On peut y voir des attitudes d'opposition sous un air doux.

Le noircissement filiforme se reconnaît par sa forme de fil plus ou moins embrouillé. Il signifie la crainte de ne pas pouvoir contenir sa propre agressivité avec l'anxiété que cela implique. Cela indique souvent des attitudes d'auto-critique et l'affirmation de l'individualisme. Dans ce cas, il arrive que l'enfant, tour à tour, se montre critique ou se pose en victime.

L'évolution du dessin de l'arbre

Comme tous les dessins, le dessin de l'arbre évolue selon l'âge et la personnalité de l'enfant. Lors de la période pré-scolaire (entre quatre ans et six ans), on ren-

Dessin 38

1 Agressif

2 Homogène

3 En lasso

4 Filiforme

Les noircissements

contre des formes typiquement infantiles du dessin de l'arbre avec un tronc fait d'un seul trait ou des branches en rayonnement solaire. L'arbre peut être plus féminin et épouser la forme d'une fleur, ou s'affirmer de façon plus puissante, avec un dessin phallique. Le tronc est presque toujours très grand, ce qui n'est pas surprenant, car il représente le besoin de bouger et d'exprimer les pulsions vitales d'une façon forte et immédiate. On voit peu à peu l'arbre se nuancer, s'ouvrir ou se fermer selon la contrainte éducative et l'évolution de la discrimination de l'enfant. Vers huit et neuf ans, l'arbre est nettement individualisé, en particulier le feuillage, zone de l'intellect, de l'échange et de la verbalisation.

La ligne de sol

Le sol n'est pas toujours représenté. Mais lorsque son tracé est montant, cela signifie ardeur, élan, enthousiasme. Cela dénote une attitude plutôt optimiste devant la vie. Au contraire, une ligne de sol descendante est le reflet d'une attitude intérieure de découragement. L'enfant a envie de « laisser tomber », de même que sa main tombe en traçant certaines lignes. Une ligne de sol agrémentée de représentations diverses (formes variées, pierres, herbes, etc.) montre le désir de se sentir en accord avec l'entourage, accueilli, bien inséré et accepté par le milieu. Ceci est valable lorsqu'il s'agit de la consigne de départ « Dessine un arbre ». Il va de soi que l'arbre analysé au sein d'un paysage aura la même signification, mais la ligne de sol n'a alors plus la même valeur puisqu'elle devient l'un des nombreux éléments du paysage.

Dessin 39

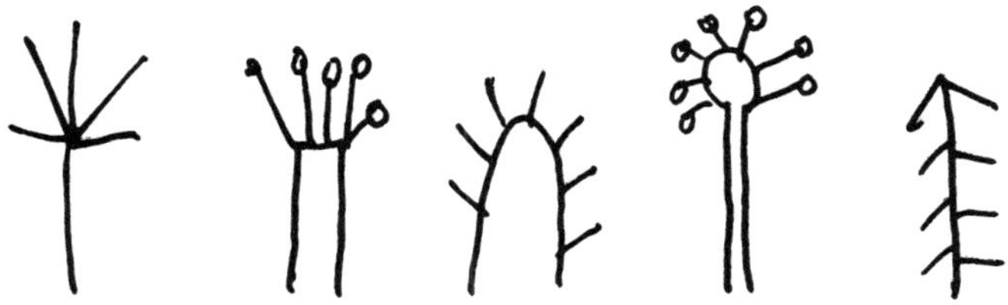

Les formes primitives : la période pré-scolaire

Dessin 40

1 Ligne montante

2 Ligne descendante

La ligne de sol

Les différentes parties de l'arbre s'étudient dans le détail mais aussi dans leurs proportions respectives les unes par rapport aux autres. Il convient d'observer premièrement la prépondérance des racines, du tronc ou de la couronne, chaque partie représentant respectivement l'inconscient, l'action, la pensée. Les proportions de l'arbre ne sont pas les mêmes chez l'adulte et chez l'enfant.

Les racines

Elles appartiennent au domaine obscur, caché, souterrain. La plupart du temps invisibles, elles n'en sont pas moins vitales, puisqu'elle nourrissent l'arbre et le soutiennent. Elles évoquent les pulsions secrètes et inconscientes, les questions non formulées, la curiosité plus ou moins obsédante selon l'ampleur qu'elles prennent ou leur taille. Simples et peu profondes, les racines sont la marque d'une recherche de stabilité, de sécurité et du besoin de savoir. Jusqu'à l'âge de onze ans, les racines sont relativement peu représentées. Elles se manifestent davantage au moment de la puberté, période à laquelle l'adolescent ressent plus fortement sa puissance instinctive et se pose des questions sur la sexualité.

En principe, elles sont plus petites que le tronc. Lorsqu'elles tendent à être de taille égale, cela signifie que la curiosité pose problème au point de devenir prépondérante et de susciter une certaine angoisse. On a remarqué par exemple que chez les malades mentaux, le dessin de l'arbre comportait souvent des racines démesurées pour ceux qui étaient sous l'emprise de l'inconscient. Chez l'enfant, des racines très importantes expriment toujours une difficulté d'adaptation.

Le tronc

Il permet à l'arbre de se frayer un passage vers la lumière, de prendre sa place au milieu des autres arbres. Il fait monter la sève et représente la puissance, la vitalité, l'énergie. Le tronc symbolise les ressources vitales, la façon de prendre sa place parmi les autres, le rapport avec le quotidien et le concret.

La vigueur et l'assurance du trait sont très importantes dans l'étude du tronc et révèlent le mode d'affirmation de l'individu : confiance, hésitation, énergie. Les enfants tracent toujours un grand tronc, parfois disproportionné par rapport à l'ensemble de l'arbre. Ceci est fréquent jusqu'à environ dix ans. Ce tronc puissant est en rapport avec la vitalité débordante de l'enfant, son besoin de bouger et de libérer les pulsions immédiates. L'enfant vit davantage sur un mode pulsionnel (le tronc) que dans un retrait intellectuel (la couronne de l'arbre).

La base du tronc et le contact avec le sol montrent comment l'enfant s'insère dans son milieu

L'élargissement à la base solidifie l'arbre, lui donne une bonne assise. C'est la recherche d'une position solide. Toutefois, lorsque cet élargissement est excessif, on peut conclure à une lenteur ou une inhibition plus ou moins marquée. L'élargissement peut être davantage marqué à gauche (besoin d'un appui maternel) ou à droite (importance de l'image du père ou attitude d'opposition vis-à-vis des autres).

Le tronc en V est caractérisé par une base étrécie. Cette forme attire l'attention sur un sentiment d'insécurité affective ressenti par l'enfant. Il convient alors de se rapprocher de lui et de le réconforter, en essayant de comprendre pourquoi le contexte qui l'entoure peut lui donner ce sentiment d'insécurité, en quoi son milieu ne lui apporte pas l'appui souhaité.

Le tronc peut être soudé à la base, comme par une double fermeture, lorsque l'enfant repasse le crayon et sépare ainsi le tronc du sol. Ceci est un mouvement de protection ou d'isolement. On le rencontre lorsque l'enfant cherche à protéger son moi (il s'enferme symboliquement) ou lorsqu'il se sent un peu à part, séparé de l'environnement. Ceci mérite une attention particulière lorsque l'arbre flotte au dessus de la ligne de sol, comme s'il était suspendu en l'air. Dans ce cas, l'enfant se sent isolé et malheureux.

On rencontre parfois un arbre perché sur un petit monticule ou sur un îlot. Ceci est habituellement une marque d'égocentrisme ou de narcissisme. La couronne donnera des indications intéressantes sur le contact avec autrui, car un îlot est tout de même une séparation entre soi et les autres.

Les diverses cicatrices sur le tronc sont des cicatrices morales, témoignage de souffrances ou d'échecs qui ont laissé leur marque. On les rencontre lorsqu'il y a un sentiment de doute de soi et d'infériorité. Toutefois, aux alentours de cinq ans, l'enfant trace volontiers un joli cercle au centre du tronc; c'est le nombril de l'arbre en quelque sorte. De même qu'à cette période, il s'applique à dessiner le nombril du bonhomme. Il s'agit là d'une attitude narcissique plutôt que d'un traumatisme. C'est l'ensemble du dessin qui permet d'apporter les précisions supplémentaires.

Les entailles ne comportent pas cette ambivalence. Elles montrent que l'arbre est amputé de quelque chose. Des éléments extérieurs ont porté atteinte à son intégrité. L'entaille indique une blessure de l'âme et un sentiment d'insuffisance. Cela s'accompagne souvent de culpabilité ou de tendance à s'inférioriser.

Chez l'adulte et chez l'enfant, une branche coupée sur le tronc représente un traumatisme ancien qui est encore marquant sur le plan du comportement. Certains auteurs

Dessin 41

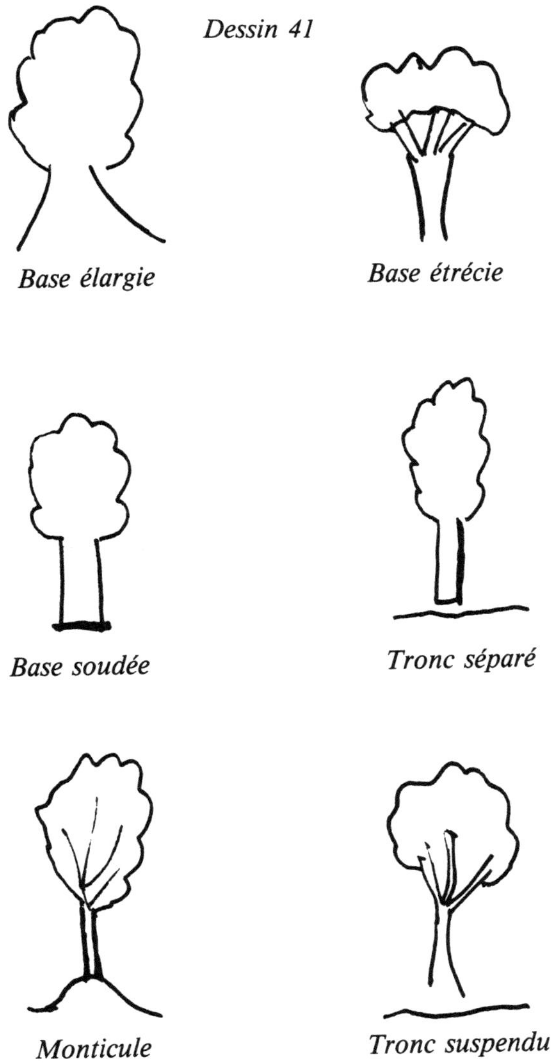

Le tronc

ont cherché à situer l'âge du traumatisme en fonction de la hauteur de la branche : plus elle est basse, plus cela remonte à une époque lointaine. Cette hypothèse intéressante n'est toutefois pas toujours vérifiée.

Une branche isolée sur le tronc mérite une attention particulière. Lorsqu'elle pousse à gauche, elle montre un désir de ressembler à la mère ou de faire comme elle. Lorsqu'elle pousse sur la partie droite, elle reflète la volonté d'être viril, de paraître fort, d'égaler le père ou de lui ressembler. Cela correspond parfois à la période œdipienne de rivalité avec le père. Pour un garçon, il s'agit souvent de préoccupations concernant la virilité. La forme de la branche permet de préciser si le désir d'égaler l'un des deux parents s'accompagne ou non d'agressivité à son égard (par exemple, si les formes sont pointues).

D'autres formes spécifiques peuvent aller dans ce sens. Par exemple, lorsque le haut du tronc se termine en V renversé et trace une sorte de pointe qui pénètre dans le feuillage. Cela dénote une attitude d'opposition pour montrer sa puissance. C'est également une forme phallique qui sous-entend des préoccupations sexuelles.

La façon dont le tronc est relié au feuillage montre comment sont harmonisées les pulsions (le tronc) et les idées (le feuillage). Le haut du tronc ouvert sur le feuillage permet la libre circulation de la sève et des énergies. Le tronc séparé du feuillage par un trait apparaît très souvent au moment de l'entrée à l'école primaire. A cette période, l'enfant ressent fortement la répression ou la contrainte scolaire. Il peut percevoir une scission entre la réalité (le tronc) et la pensée (la couronne), entre l'instinct et la morale. C'est une étape très importante d'adaptation et de révolte plus ou moins exprimée devant la contrainte éducative. Cette fermeture est donc une étape normale. Lorsque l'enfant s'adapte mieux et intègre les exigences de l'entourage, on voit le tronc s'ouvrir. On note

Dessin 42

Cicatrice

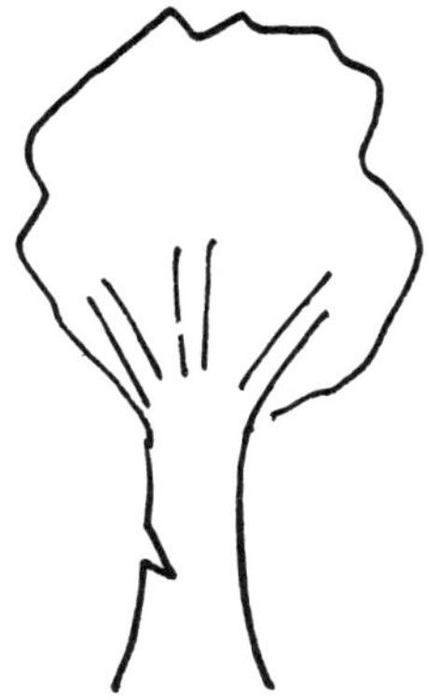

Entaille

Tronc séparé du feuillage

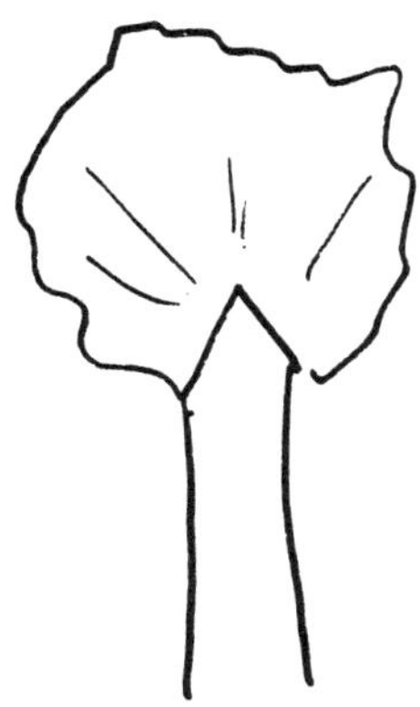

Haut du tronc en V

Les caractéristiques du tronc

souvent cette modification significative aux alentours de neuf ans.

La couronne

C'est la partie supérieure de l'arbre, celle qui s'épanouit dans le ciel. Elle peut comporter des branches, du feuillage ou divers éléments décoratifs tels que les fleurs ou les fruits. C'est la partie de l'arbre la plus mouvante et la plus changeante. Elle se modifie au cours des saisons. C'est par son feuillage que l'arbre respire. Toute cette zone nous montre comment le dessinateur modifie son comportement par rapport à l'environnement, comment il communique et échange sur le plan des idées. Ce qui est situé vers le haut correspond symboliquement au domaine de la pensée. La couronne, de par sa taille et sa forme, indique l'ampleur et la qualité du raisonnement et de la pensée. C'est le domaine de l'idéal, du rêve et de l'imagination.

On peut dire d'une façon assez générale que plus cette zone est riche et différenciée, plus les capacités intellectuelles sont nuancées. On y trouvera l'habileté à s'exprimer, autant que la possibilité de créer des idées. Par contre, une couronne très embrouillée peut signifier agitation mentale ou mensonge. Il faut penser à regarder les proportions qui existent entre la couronne et le tronc afin de déterminer la prépondérance du concret ou de l'intellect, bien que chez les enfants, le tronc soit souvent prépondérant. La hauteur du feuillage est en proportion directe avec l'intérêt pour le domaine intellectuel et la possibilité de réfléchir sur ses expériences personnelles.

L'ouverture de la couronne montre l'ouverture aux incitations extérieures, la disponibilité mentale et la récep-

Dessin 43

Couronne ouverte

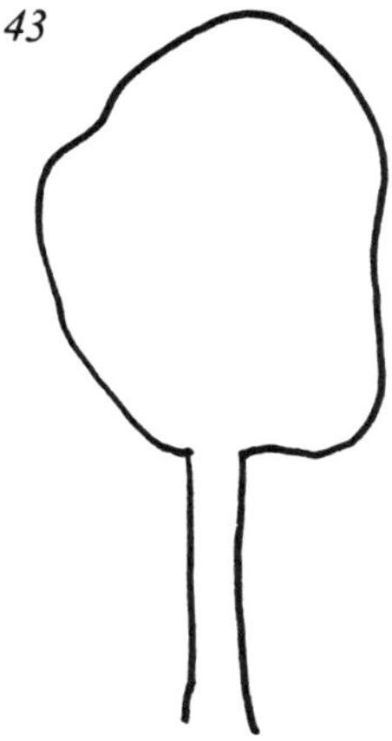

Couronne fermée

Couronne fermée pleine

Couronne ouverte en tous sens

La couronne

tivité sur le plan de l'échange. La couronne fermée indique au contraire un enfant qui se protège avec plus ou moins d'inhibition, ce qui est renforcé lorsque la couronne est à la fois fermée et pleine (dessin 43-3). L'attitude est alors plus réticente et l'enfant éprouve le besoin de retenir, de garder. Il a du mal à donner.

Une couronne (branches, feuilles ou contours) très ouverte indique, par contre, une quête excessive avec instabilité et indécision. C'est le cas lorsque les branches partent en tous sens sans une nette orientation. Cela n'empêche pas que l'enfant ait de bonnes possibilités intellectuelles, mais il tend à se disperser et à se dissiper. Le feuillage en tous sens est un signe d'agitation.

Le feuillage étroit indique un manque de confiance en soi sur le plan des idées ou de l'expression des idées. On peut encourager l'enfant à s'exprimer davantage et éviter de l'interrompre lorsqu'il explique quelque chose qui lui tient à cœur. La forme pointue du sommet de l'arbre montre souvent un côté récalcitrant chez l'enfant. C'est une position défensive. L'affirmation de soi est plus ou moins tendue.

Les formes concentriques apparaissent fréquemment chez l'enfant. D'une façon générale elles sont le signe d'une préoccupation de l'image personnelle. Elles révèlent une étape narcissique. Ici, le feuillage se construit avec un élargissement progressif plus ou moins stratifié. L'enfant le trace au moment où il se sent valorisé par l'acquisition des connaissances. A l'image de cet arbre, il élargit son champ de connaissance et d'action, il accumule des possibilités. C'est un besoin d'améliorer, de bien faire et de progresser. Toutefois, la forme très fermée avec retour systématique au tronc peut révéler une difficulté de communication avec autrui. Il est probable qu'il y ait un problème de relation compensé par un grand intérêt pour soi-même.

Dessin 44

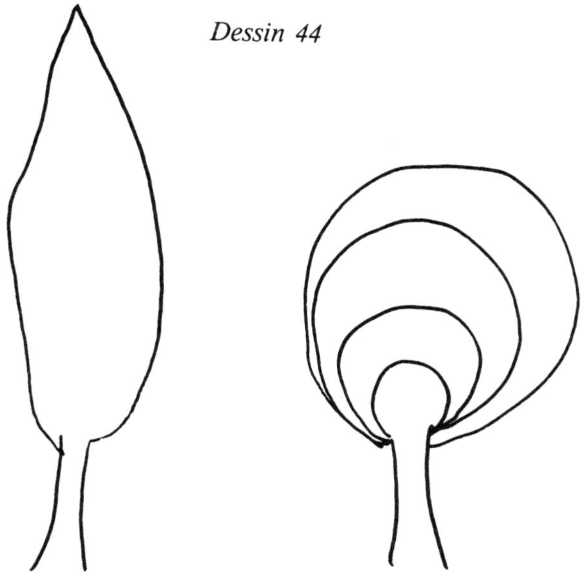

Feuillage pointu — *Formes concentriques*

Le feuillage

Les branches

Les branches peuvent être représentées par un trait ou deux traits, ce qui leur donne une forme de tube. Elles sont ouvertes ou fermées. Elles indiquent comment se déchargent les énergies et les pulsions qui viennent du tronc. On y trouvera autant une notion relationnelle qu'intellectuelle. Ainsi la logique du tracé des branches montre la logique ou la fantaisie du raisonnement.

Les branches tracées d'un seul trait sont les formes primitives normales chez les petits. Ce sont les branches les plus simples qui soient. Les enfants les tracent presque toujours ainsi jusqu'à l'âge de six ans. Chez les plus grands, cette forme persistante indique une mauvaise discrimination du réel ou le refus de voir une réalité ressentie comme douloureuse ou décevante (dessin 45-1)

Les branches à deux traits montrent, au contraire, une bonne discrimination du réel. En fait, la branche à deux traits n'apparaît presque jamais dans les dessins d'enfants en dessous de cinq ans. Elle apparaît chez environ 30 ou 40 % des enfants âgés de sept et huit ans (dessin 45-2).

L'ouverture à la terminaison de la branche exprime l'extraversion, la décharge franche des pulsions et des sentiments. Les fermetures sont un signe de protection et d'intériorisation (dessin 45 - 2-3).

La symétrie est fréquente chez l'enfant de moins de sept ans. Au delà ce cet âge, les formes symétriques sont un signe de tension, surtout si elles sont anguleuses. L'enfant peut être en apparence calme alors qu'intérieurement, il est tendu. Des conflits intérieurs peuvent freiner sa réceptivité intellectuelle.

La rigidité ou la souplesse des branches exprime toutes les nuances qui s'échelonnent du volontarisme à l'esprit de conciliation. L'excès d'angulosité montre un côté volontaire et parfois bagarreur. C'est un aspect vin-

Dessin 45

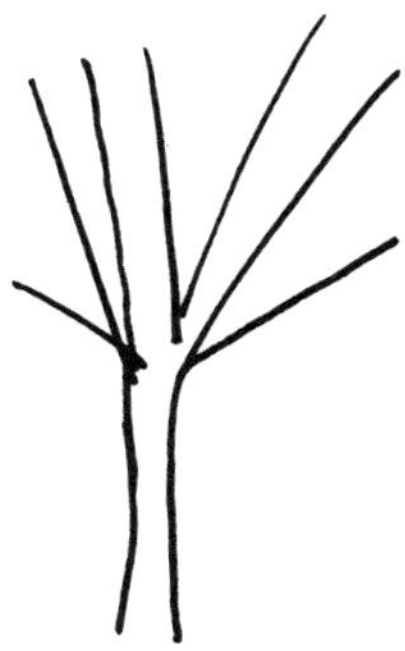

Branches à un trait

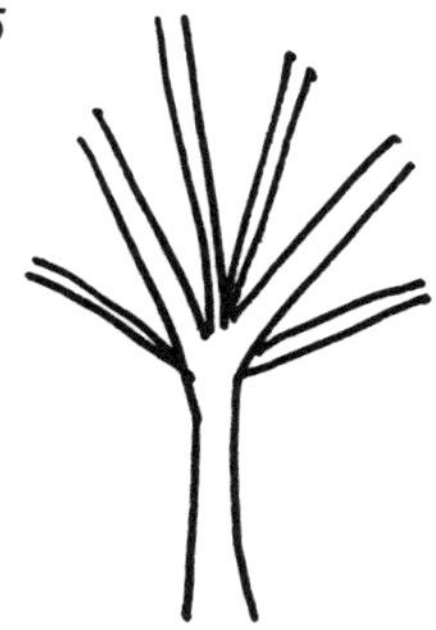

Branches-tubes terminaison ouverte

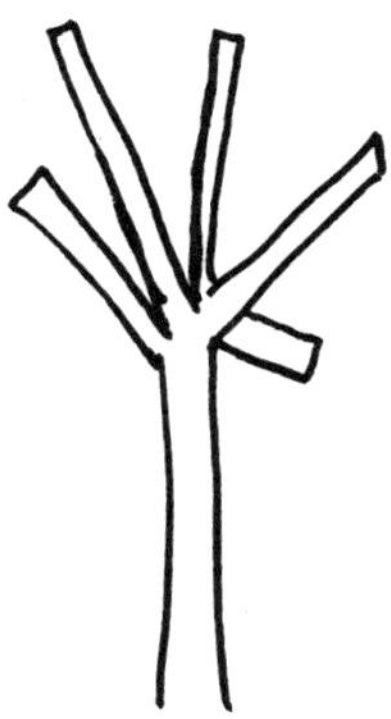

Branches-tubes terminaison fermée

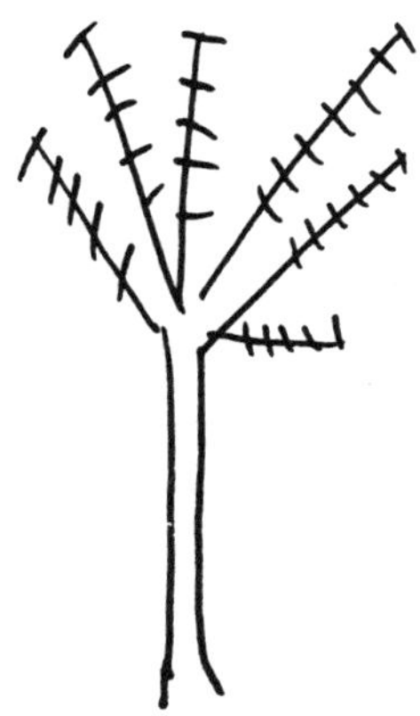

Symétrie dans les branches

Les branches

dicatif ou conflictuel, énergique et têtu (dessin 46-1). Dans le cas inverse, lorsque les branches sont torturées, mal reliées entre elles, on a affaire à des enfants qui souffrent d'angoisse et fuient dans l'imaginaire. La mythomanie n'est pas exclue, car la souplesse excessive n'a rien de spontané et évoque un monde fuyant et sans consistance. Le raisonnement peut être incohérent (dessin 46-2).

Les branches ou les brindilles peuvent être enrichies de formes plus ou moins élaborées. Parmi les détails les plus fréquents qui personnalisent la couronne, on trouve les festons qui entourent souplement les branches (dessin 47-1). Ceux-ci n'ôtent rien à la force ou même à la rigidité de la branche, mais ils servent à enrober, à entourer de douceur le désir ou la volonté profonde. Les festons sont donc la marque d'une attitude gentille et polie. On la rencontre chez les enfants qui ne se heurtent pas de front à l'autorité.

Le feuillage en lasso contient une autre idée. Dans un certain sens, il est moins passif que le feston et représente le désir de convaincre, ainsi que la capacité à utiliser son charme dans ce but. Il indique le désir d'obtenir le fruit de ses désirs, tout en agissant avec souplesse. Les boucles traduisent, en effet, un fond de gentillesse (dessin 47-2).

Lorsque des petits ronds se nichent dans le feuillage, cela indique une grande demande affective (dessin 47-3) L'enfant a besoin de tendresse et de sensations réconfortantes. Cette forme de dessin est très courante chez les tout-petits et tend à se nuancer vers six et sept ans. Ces petits cercles sont typiques également d'une recherche de compensation orale. Celle-ci s'exprime par la gourmandise et l'intérêt pour la nourriture en général (surtout les bonbons et les douceurs...).

Un feuillage tombant est moins optimiste. Comme tout mouvement descendant, il exprime la déception ou le découragement. Cela peut aller de la tristesse à la dépres-

Dessin 46

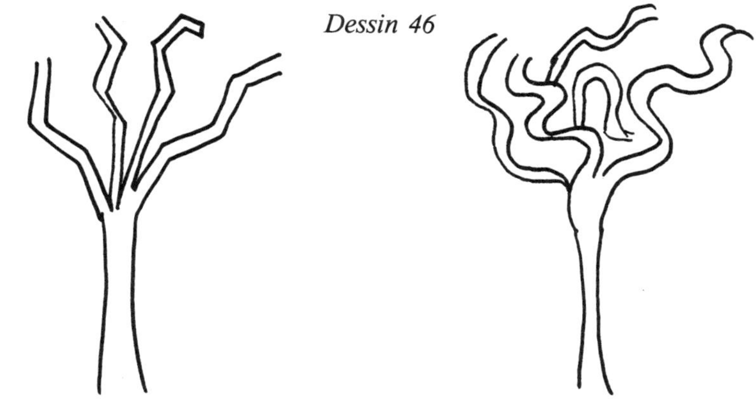

Branches anguleuses *Branches souples*

La souplesse des branches

Dessin 47

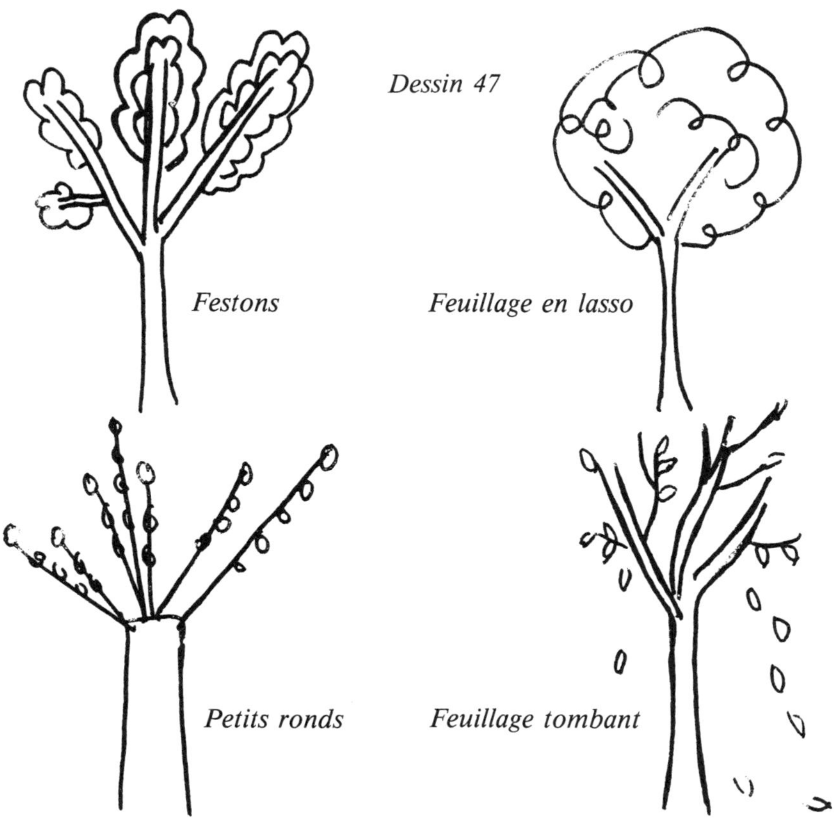

Le feuillage

sion. Dans tous les cas, le feuillage tombant indique une certaine lassitude morale. Il faut veiller toutefois au contexte dans lequel l'enfant a dessiné l'arbre. Il va de soi qu'on peut lui avoir demandé à l'école de représenter un arbre d'automne, auquel cas la signification sera modifiée.

Les petites feuilles soigneusement dessinées contribuent à enjoliver l'arbre et à le rendre plus attrayant ou plus décoratif. Lorsqu'elles sont tracées minutieusement, cela peut indiquer une recherche esthétique ou le goût de la parure en général, donc le désir de plaire, d'être accepté et bien considéré par autrui. Quelques feuilles réparties parmi d'autres éléments reflètent un bon sens de l'observation. Par contre, si toute la couronne est remplie du même type de feuilles, la monotonie s'analyse alors comme toute autre tendance à la systématisation. Il y a un côté obsessionnel et sans doute de la persévérance. Le caractère répétitif ôte, par ailleurs, une part de fantaisie. Ceci doit, bien entendu, être considéré par rapport à la globalité de l'arbre.

Les fleurs participent également à la parure, au désir de beauté et à l'expression de la tendresse. Lorsqu'elles sont présentes dans l'arbre ou autour de lui, elles montrent l'importance des sentiments et le besoin d'échange sur ce plan. Les fleurs indiquent parfois une sensibilité artistique, ainsi que les fruits. Par contre, ceux-ci contiennent davantage une notion de sensualité et de jouissance. Ils représentent les désirs. Il suffit de tendre la main pour les obtenir. Les fruits représentent la recherche de plaisir sous toutes ses formes, et un idéal de facilité. Ils sont moins représentés après l'âge de dix ans.

L'ombre de l'arbre est rarement dessinée. Elle représente surtout l'ombre intérieure projetée sur le sol. C'est la plupart du temps un aspect de la personnalité qui est refusé par l'enfant. Il peut y avoir une culpabilité sous-jacente qu'il convient de situer plus précisément.

L'arbre de Marianne

En observant l'arbre de Marianne (treize ans), on remarque les particularités suivantes :

L'arbre déborde sur la gauche, tant au niveau du tronc que de la couronne. C'est un peu comme si nous n'avions qu'une moitié d'arbre. Par contre, il y a un grand vide à droite, d'autant plus évident que le contour (couronne et tronc) est parfaitement fermé sur ce côté. Le dessin n'occupe que la moitié gauche de la page.

Cela nous indique que Marianne a un problème important de contact et d'insertion. Elle est gentille et polie (couronne courbe en feston) et se comporte en apparence selon ce qu'on attend d'elle. La couronne bien close nous dit que Marianne est secrète. Elle ne fait pas front, mais on entre difficilement dans son monde.

L'épaisseur, la rondeur et les fruits nous montrent une enfant sensuelle, qui cherche les plaisirs, les jouissances et qui désire plaire (petites feuilles bien dessinées). La demande affective est importante.

La problématique essentielle est liée à la mère. L'arbre débordant à gauche indique une soif de relation, une demande inassouvie. Le tronc est également débordant sur le bas de la page (ce qui est rare pour treize ans). Ceci révèle que Marianne recherche la sécurité et un cadre stable, elle cherche des racines.

La couronne très importante est à l'image d'un monde intérieur dans lequel l'imaginaire occupe une grande part. En effet, les branches sont incohérentes et vont dans tous les sens. Marianne n'a pas de logique, elle se laisse porter par ses rêves et par ses sensations. Cette couronne est typique d'une attitude qui porte à fabuler. Il y a une forme de mythomanie.

Cet arbre est à la fois l'expression d'un retard important sur le plan intellectuel et d'une problématique affec-

Dessin 48 *L'arbre de Marianne*

tive dans laquelle l'enfant se débat. Marianne a été abandonnée à la naissance. Elle n'en parle jamais, mais son arbre montre une souffrance et une nostalgie éperdue de l'image maternelle avec fuite dans l'irréel et la fabulation.

CHAPITRE 6

Les éléments du paysage

Les différents éléments du paysage produisent une ambiance, donnent un contexte ou une orientation qui permettent d'analyser la totalité du dessin. Un horizon de collines douces ou de montagnes arides n'ont pas la même signification. La forêt, le soleil, la maison ont une valeur symbolique chargée de sens. La route joyeusement fleurie ou le sentier qui ne mène nulle part sont à l'image des préoccupations de l'enfant. L'inconscient parle avec simplicité à travers le symbole.

Les animaux peuplent fréquemment les dessins d'enfants et très tôt, on voit apparaître des papillons, des oiseaux, des poissons. L'ensemble de la scène est plus ou moins animé. Dans tous les cas, celle-ci exprime la sensibilité et le moi profond de l'enfant.

La maison

C'est un des thèmes privilégiés qui apparaît de bonne heure dans les dessins. Le dessin de la maison, comme celui de l'arbre ou du bonhomme représente également le moi, à tel point que l'on découvre parfois des formes hybrides comme un arbre-bonhomme, une maison-arbre, ou un bonhomme-maison (voir les dessins 49 et 50). La maison a des branches, le bonhomme prend racine ou l'arbre se fait habitation.

La maison peut s'analyser sur deux plans. Elle est le reflet du moi et le reflet du foyer.

On peut déterminer trois grandes parties qui sont la cave, la construction et le toit. La cave est très rarement représentée. C'est un domaine caché, souterrain, invisible. Elle contient les valeurs de l'inconscient. La construction qui comporte fenêtres et portes est la partie vivante et habitable. C'est le corps de la maison en quelque sorte, le domaine de la vie et de l'échange. Le toit correspond symboliquement au domaine de la pensée et de l'imagination.

Les ouvertures de la maison sont comparables à l'ouverture psychologique. Ainsi, de grandes fenêtres et de grandes portes sont la marque d'une réceptivité et d'un désir de partage autant que de communication. Lorsque l'enfant trace de grandes ouvertures, il s'agit, en général, d'un esprit ouvert et plutôt extraverti.

Au contraire, une maison fermée, dissimulée ou munie de petites ouvertures traduit un enfant plus secret, introverti, et peut-être timide ou renfermé.

Les fenêtres permettent de voir ce qui se passe à l'extérieur. Elles sont en quelque sorte le regard de la maison et elles nous montrent comment l'enfant voit la vie, avec quels yeux il regarde le monde qui l'entoure. De belles fenêtres enjolivées de fleurs ou égayées de rideaux indi-

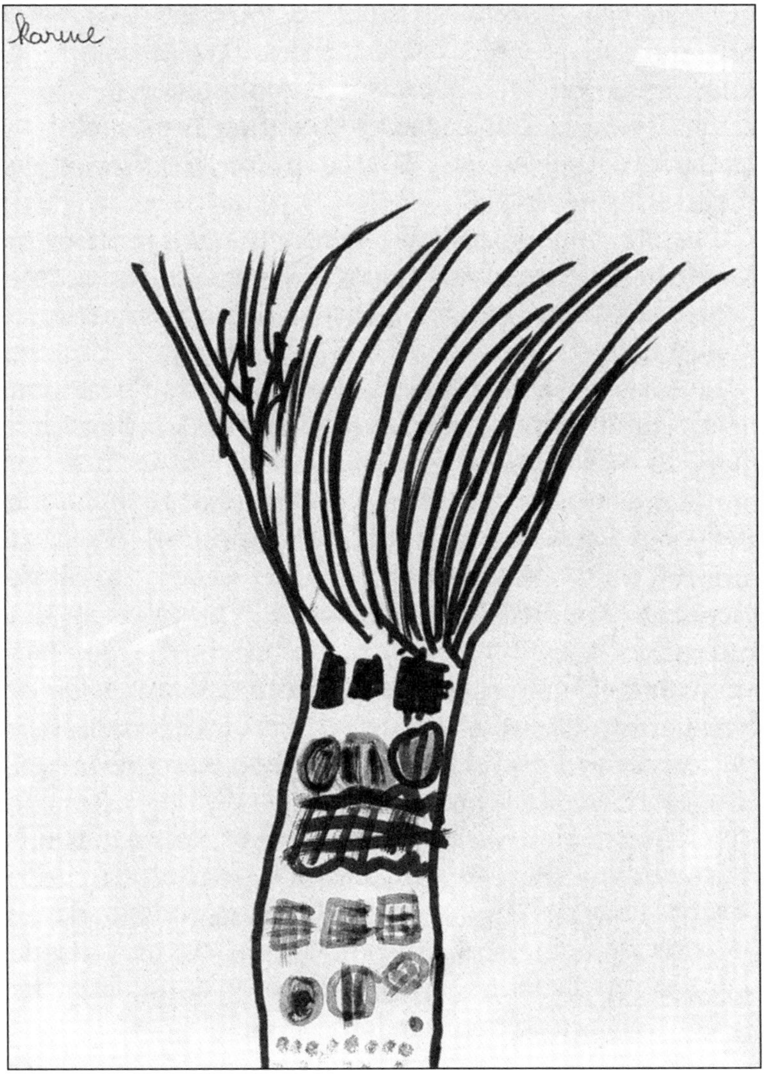

Dessin 49

Sur le thème « Dessine une maison », Karine, cinq ans, trace une maison-arbre, avec de nombreuses fenêtres, mais pas de porte. Karine est secrète, on n'entre pas facilement dans son monde intérieur.

quent un regard optimiste sur la vie. Par contre, des fenêtres noircies, aveugles, ou des volets fermés montrent, selon le cas, une anxiété dans la communication ou le refus de voir certaines choses. L'enfant peut avoir une tendance dépressive qui, dans ce cas, sera confirmée par d'autres éléments.

Jusqu'à cinq ans environ, l'enfant tend à représenter les fenêtres accolées aux angles des murs. Lorsque cette forme persiste au-delà de six ans, on peut y voir un retard intellectuel.

La porte, moyen d'accès à l'intérieur, indique comment l'enfant communique avec les autres. Il se peut qu'il ouvre sa porte à autrui ou qu'il se barricade dans son moi. La maison peut se faire accueillante ou tour d'ivoire silencieuse. Les portes multiples expriment un désir important de communication. Toutefois, il est toujours intéressant de recueillir les propos de l'enfant sur la maison qu'il a tracée.

La cheminée est également une ouverture de laquelle se dégage la fumée. Cette dernière est l'âme de la maison, reflet de l'état d'âme de l'enfant. La fumée peut se diriger vers la droite (vers l'avenir) ou vers la gauche (régression). Il arrive que la fumée soit très embrouillée, indiquant plus ou moins les préoccupations ou les tensions mentales. La fumée reflète également l'ambiance du foyer de l'enfant. La cheminée contient parfois une signification phallique et peut être renforcée par les petits garçons en période œdipienne.

La maison peut se fortifier, devenir château fort puissant, lorsque le moi se protège ou se défend. Cette forme de construction peut représenter pour l'enfant un refuge agréable, mais il arrive qu'il prenne l'allure d'un lieu carcéral et qu'il ressemble davantage à une prison qu'à un lieu idyllique. Barrières et murs crénelés sont autant de défenses qui cachent parfois des conflits intérieurs ou un manque de liberté. Les grands murs ont un double rôle,

Dessin 50

La maison se réveille, titre donné par Chrystelle à sa maison-bonhomme.

Dessin 51

La maison d'Armelle

Les ouvertures de la maison d'Armelle, cinq ans, sont assez petites. C'est la marque d'une enfant introvertie. Par ailleurs, elle trace un fil qui relie le centre de la maison à la gauche de la feuille, formant ainsi un cordon ombilical symbolique qui relie le ventre de la maison à la mère (la gauche).

ils protègent ou enferment. Tous les enfants dessinent à un moment ou à un autre le château fort qui symbolise une grande puissance d'affirmation. Il convient de bien observer les voies d'accès.

Dans les dessins d'Axel (52 encart couleurs et 53), douze ans, on note des similitudes entre la maison et la forteresse. Dans le premier cas, la construction tend à être rigoureuse, équilibrée et solide. Axel a visiblement utilisé une règle pour que la maison soit plus belle. C'est une façon de s'imposer une discipline. Cela indique qu'Axel veut paraître parfait. L'enfant a un esprit ouvert, comme le montrent l'importance du toit et de larges ouvertures. Il est secret et ne laisse pas entrer n'importe qui dans son monde intérieur : la porte a une double sécurité et peut se refermer comme les volets. Il est prudent, la petite fenêtre sur la porte permet de voir avant d'ouvrir. Cela fait toutefois penser à une porte de prison. L'ensemble est malgré tout largement épanoui. Axel a le sens du détail et de l'observation. En effet, il a fait figurer les gonds de tous les volets. Sur trois fenêtres, deux sont sur la gauche. On peut penser qu'Axel communique davantage avec sa mère qu'avec son père. D'ailleurs, le soleil situé à gauche donne à celle-ci une certaine importance. Il se trouve qu'Axel vit avec sa mère. La maison décrit donc un enfant intelligent, équilibré, dont la curiosité est en éveil. Il est solide et cherche à être parfait ou du moins à répondre à une image qu'on attend de lui. Cette auto-discipline est source de tension comme le montre le dessin de la forteresse animée de petits personnages en guerre. Il s'agit en fait d'un conflit intérieur. La herse du château est bien fermée et il y a peu d'ouvertures. Quand Axel se barricade, il est inutile d'insister, on n'en obtiendra rien.

Le pont indique toutefois qu'Axel peut sortir de lui-même lorsqu'il le décide. La tour de gauche est plus grande et contient davantage d'ouvertures que la tour de droite, ce qui révèle à nouveau une communication plus ouverte avec la mère (la gauche) qu'avec le père (la droite).

D'autres personnalisations de la maison peuvent apparaître. Le moulin à vent, par exemple, est une construction que l'on regarde volontiers dans la réalité. Il indique le désir d'être admiré mais peut révéler également une tendance assez solitaire. Les ailes du moulin attendent le vent pour se mettre en marche. En ce sens, le moulin reflète parfois un côté un peu paresseux sans pour autant manquer de charme.

Le contexte et l'environnement contribuent à produire le climat dans lequel baigne la maison. Un cadre accueillant participe à l'harmonie et à l'épanouissement. Les barrières, les voies sans issue ou le vide traduisent les interdits ou le vide affectif.

Le divorce et le dessin de la maison

Lorsque les parents divorcent, l'enfant se met à dessiner deux maisons à l'image des deux foyers qu'il connaît. Il tente parfois de les réunir par des traits ou de les mettre côte à côte pour qu'elles soient mitoyennes, de même qu'il aimerait voir ses parents réunis à nouveau. Lorsqu'il sait que c'est inéluctable, elles sont clairement séparées, mais on voit souvent une petite voiture qui fait le chemin de l'une à l'autre. En comparant les maisons de droite et de gauche, on peut préciser comment l'enfant ressent chacun des deux foyers. Toutefois, il ne faut pas dramatiser lorsque l'enfant enjolive la maison dans laquelle il ne vit pas. Cela ne veut pas dire qu'il est malheureux avec le parent qui partage sa vie. Il peut s'agir d'un phénomène de compensation, car l'absence peut générer le rêve et l'idéalisation.

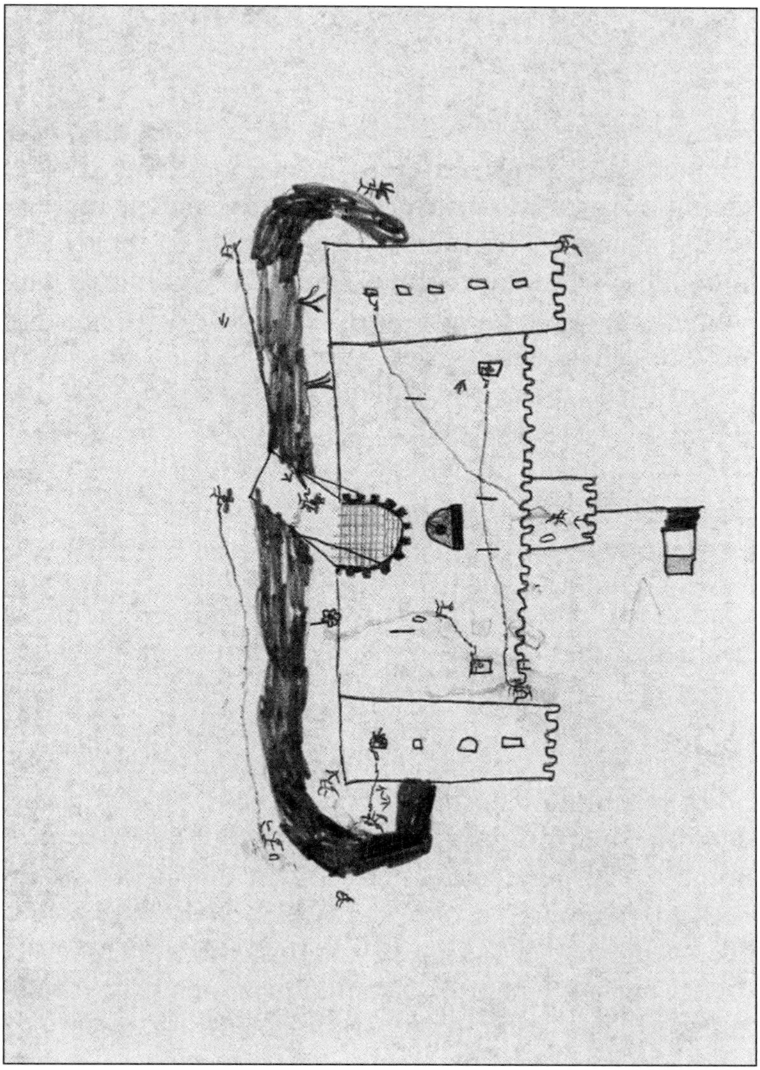

Dessin 53
La maison-château fort d'Axel.

La maison de Karine

La première maison de Karine (dessin 54), cinq ans, est particulièrement étroite. Elle est équilibrée, fine et délicate. La maison penche vers la droite puis se redresse vers la gauche, le contour est bleu. Karine est timide, elle veut aller vers les autres mais se retient. Comme sa maison, elle demeure sur la défensive. Dans le deuxième dessin (55) effectué à la même période, Karine s'enhardit et sort d'elle-même pour aller vers les autres. Mais cela s'effectue avec beaucoup de réticence, car le personnage reste collé au mur et dans le même temps, Karine supprime une fenêtre. Il reste une grande lucarne sur le toit, dans le domaine du rêve et de l'imaginaire. Une grosse fleur sur la porte féminise la maison. Karine est très féminine. Un an plus tard (dessin 56), on retrouve la même problématique. Trois taches noires dominent le dessin : la porte, la fenêtre qui abrite un personnage et le nuage qui cache le soleil. On retrouve ici l'anxiété liée à la communication et la crainte de l'autorité du père. La relation aux autres est encore difficile, le personnage qui sort de la maison fait corps avec celle-ci, il n'est pas autonome. Le désir de communication est représenté par un petit bonhomme à droite, mais ce dernier est sous cloche, bien protégé. Karine est à la fois tendre et anxieuse, divisée entre son besoin de communication et la peur des autres. Elle a besoin d'être stimulée et n'est pas armée pour se défendre.

La maison, comme tout procédé d'identification, évolue avec l'enfant et exprime les différentes ambiances qu'il rencontre dans son évolution.

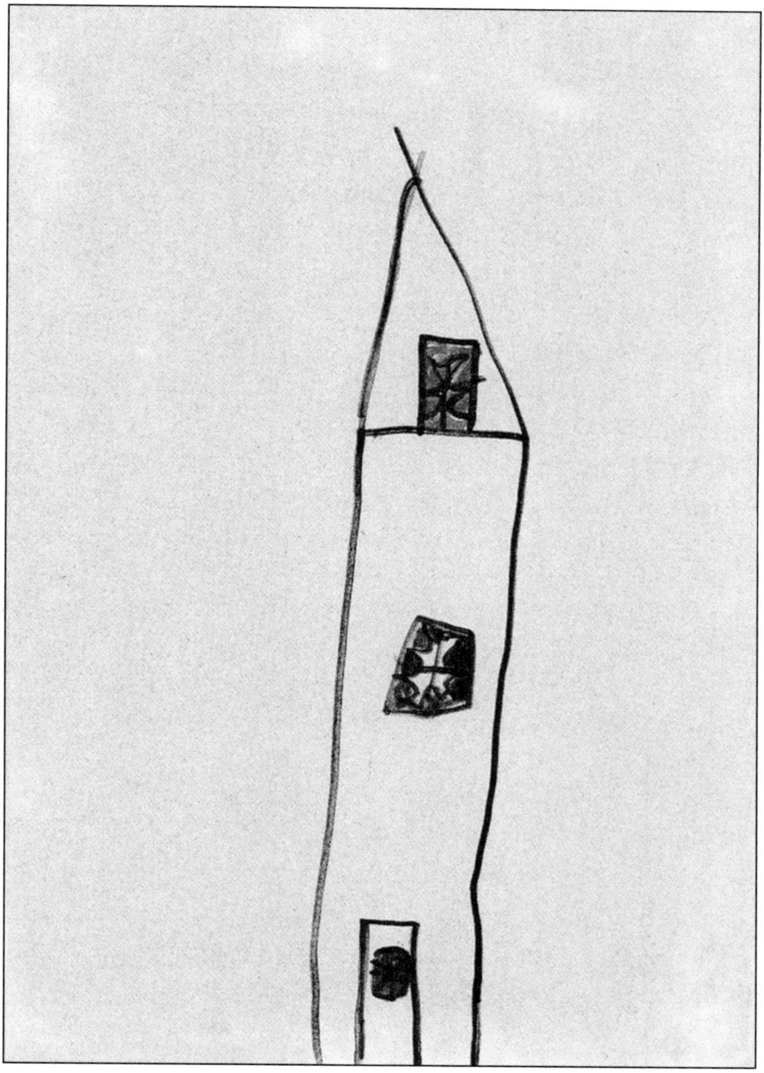

Dessin 54

Karine, cinq ans : maison n° 1.

Dessin 55

Karine : maison n° 2.

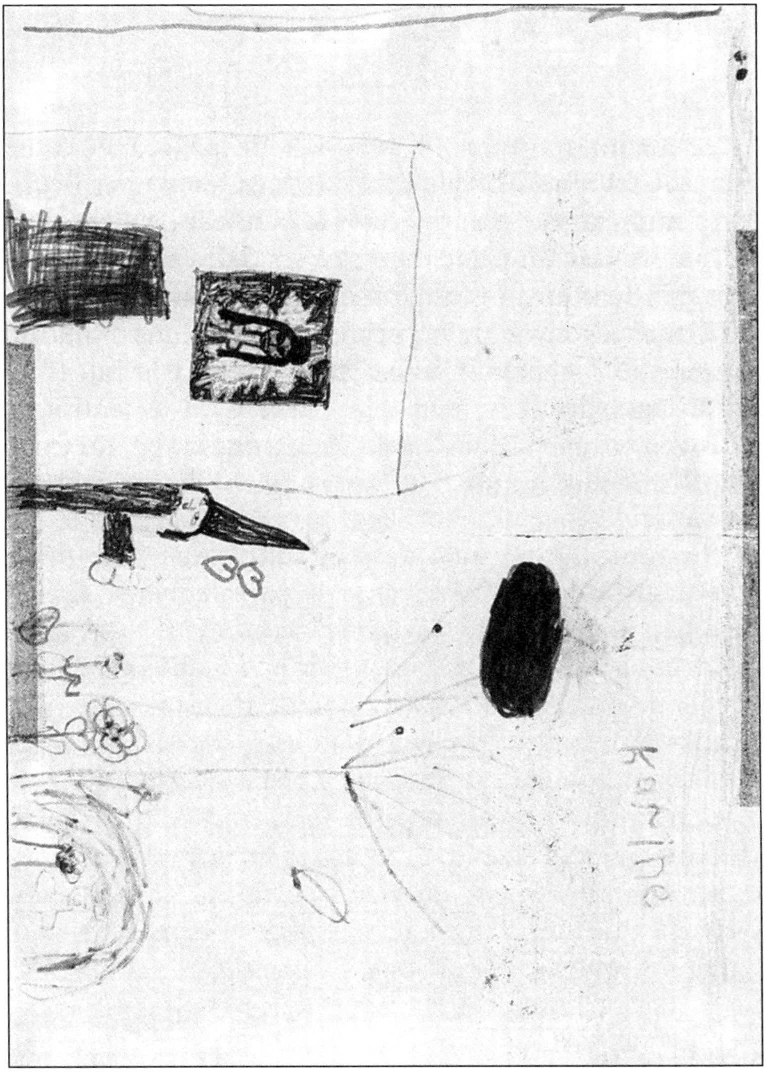

Dessin 56
Karine :
maison n° 3.

Le chemin

Le chemin représente le parcours de la vie. Une route pierreuse est plus difficile à parcourir qu'un sentier fleuri. Un chemin large et fleuri montre le bonheur de vivre alors qu'une route cahotique exprime les difficultés rencontrées par l'enfant. Les aspérités sont tout simplement les difficultés de la vie ou la problématique d'une situation ponctuelle. Le chemin noirci de pierres est le fait d'un enfant anxieux. Il se peut que l'enfant ait le sentiment de traverser une période difficile, ou une étape qui exige des efforts plus grands. Le chemin en cul-de-sac contient une ambivalence : il peut représenter la voie sans issue, la situation inextricable ou plus simplement une difficulté à sortir de soi-même car la plupart du temps, le chemin part de la maison (symbole du moi). Il représente donc la vie en général, la route individuelle mais aussi le chemin du foyer. Comme l'adulte, l'enfant a des problèmes à résoudre. Il n'y a donc rien d'alarmant à les voir apparaître dans le dessin. La scène alentour apporte les indications fondamentales, ne serait-ce que par le thème développé. Les enfants agités ou instables ont tendance à représenter de multiples chemins qui partent en tous sens, de même que leur attention et leurs actes partent dans toutes les directions. Le chemin a, par ailleurs, un rôle de communication, il relie certains éléments entre eux, de même que peuvent le faire les voitures, camions ou autres moyens de transport.

Le bateau

Le bateau n'aura pas la même signification selon qu'il s'agit d'un voilier qui file au gré du vent ou d'un cuirassé de guerre canons sortis. Son importance mérite l'attention. En effet, le bateau peut faire partie d'un arrière-plan et décorer le paysage, ce qui n'enlève rien à sa signification, mais il peut également prendre l'essentiel de la page et incarner le personnage principal, c'est-à-dire l'enfant. Le bateau porté par les flots repose sur le monde symbolique de l'inconscient, de l'émotion, de la sensibilité, ceux-ci étant représentés par l'eau d'une façon générale. Le bateau représente pour certains enfants l'évasion dans le rêve, l'envie d'être ailleurs, mais, dans certains cas, il révèle une forme d'isolement ou des attitudes défensives (bateaux de guerre). Cheminées et canons permettent aux garçons d'exprimer une puissance phallique ou une agressivité virile.

L'avion

L'avion contient des notions similaires, mais il met davantage en évidence le désir de puissance, de croissance et d'élévation. C'est parfois la volonté de survoler les obstacles. Il va de soi que l'avion de guerre, le bombardier, exprime avant tout le conflit et l'agressivité. Les bombes sont souvent les colères parentales ou les éclats dont l'enfant est témoin. Ce sont les réactions violentes qu'il redoute.

Les montagnes

Les montagnes ont une signification différente selon qu'elles agrémentent le paysage par des lignes douces et vallonnées, ou qu'elles ferment l'horizon par des formes anguleuses. Les montagnes arides et pointues représentent les difficultés de l'enfant. Elles sont un obstacle à franchir. Il peut s'agir simplement du contexte scolaire qui demande beaucoup d'efforts et de contrainte sur soi-même. Par contre les montagnes arrondies ou les collines verdoyantes symbolisent le sein maternel dont elles épousent d'ailleurs les formes.

L'eau

L'eau, dont le symbolisme a déjà été développé dans l'image maternelle, représente le monde des émotions, des sensations, la puissance imaginative. L'eau appartient au symbolisme de la mère. Le lac ou l'océan peuvent représenter le ventre maternel qui contient et protège. L'eau est une symbolique essentiellement féminine, et réceptive. Toutefois, s'il y a une dominante d'eau dans une série de dessins, on peut penser que l'enfant ressent les ambiances avec un excès d'émotivité, une réceptivité trop grande et sans doute un fond de passivité, car l'eau ne s'impose pas, elle suit la pente du terrain ou épouse la forme qui la contient.

Elle peut se faire nuage menaçant, auquel cas sa signification devient la crainte du châtiment ou la crainte des décharges émotives de la mère. Les nuages un peu lourds représentent en effet la mère grondeuse qui peut se manifester à tout moment. Sous forme de pluie, l'eau désigne un fond de tristesse ou de dépression mais elle peut servir, comme la neige d'ailleurs, à « bourrer » le paysage sans laisser de place vide, système de remplissage que l'on rencontre chez les enfants anxieux.

L'arc-en-ciel

Riche en couleurs, il établit un pont entre le ciel et la terre. Il évoque la puissance divine et une protection magique sous laquelle on peut s'abriter sereinement. Il arrive souvent que l'enfant se protège symboliquement sous cette voûte et laisse passer l'orage. C'est l'indication d'un retour au sein maternel, puisque l'enfant se met en quelque sorte dans une poche qui est bien souvent faite à sa taille (voir le dessin 55 de Karine). L'arc-en-ciel n'indique pas forcément une situation traumatisante, car il apparaît toujours entre le mauvais temps et le retour du soleil.

Les astres

Le soleil, comme cela a été développé dans l'image paternelle, représente avant tout l'autorité et le père.

La lune évoque la nuit, le mystère et les ténèbres, la période du sommeil et le monde de l'inconscient. En effet, ce dernier se libère pendant la nuit avec les rêves et les peurs nocturnes. La lune, selon la tonalité de l'ensemble du dessin, contient plusieurs niveaux d'interprétation. Elle révèle souvent un fond d'angoisse lié à ce qui se passe la nuit, à la sexualité des adultes, au mystère de la vie. Par ailleurs, alors que le soleil correspond à la symbolique masculine, la lune correspond à la symbolique féminine. Elle apparaît souvent au moment où la petite fille se pose des questions sur sa féminité.

Les étoiles, qui ponctuent parfois le ciel de nuit comme de jour, indiquent le désir de briller, d'être regardé et admiré. Elles se rapportent donc au besoin de plaire.

Les animaux

Ils peuplent volontiers l'imagination et les dessins des enfants. La représentation animale leur permet souvent de dégager des pulsions inconscientes ou de masquer une réalité humaine. En effet, il est parfois plus facile de représenter une scène d'animaux que de reproduire une scène humaine qui colle à la réalité. Ainsi, la censure des désirs trop violents peut se faire habilement par le biais de la représentation d'un animal. Ce dernier va endosser le trait de caractère à l'état brut. L'agressivité du loup, par exemple, est connue et naturelle. Si le loup du dessin est dangereux, cela est normal en quelque sorte. Mais il faut observer contre qui s'exerce précisément cette agressivité et quel est le personnage menacé... On rencontre parfois quelques surprises.

Mais l'animal du dessin n'a pas toujours cette fonction ! On connaît de grandes familles d'animaux auxquelles sont attribuées des caractéristiques de comportement. Dans le langage familier, on dit volontiers bourru comme un ours, têtu comme une mule ou malin comme un singe. Les exemples ne manquent pas ; ils font partie de la culture et peuplent les fables et les contes qui font la joie des enfants. Ainsi, le monde enfantin est-il animé de tout un bestiaire constitué d'animaux domestiques ou sauvages, tendres ou dangereux, à l'image du monde intérieur et de l'inconscient.

Il est fréquent de reconnaître telle quelle la composition de la famille réelle à travers la famille d'animaux. Ceux-ci animent une scène qui est parfois la reproduction d'une situation vécue dans la réalité. Dans le dessin de Chrystelle qu'elle a intitulé : une famille de moutons, on retrouve très simplement l'enfant et la mère (sexuée avec des mamelles) marchant allègrement à la suite du père, animal virilisé par ses cornes très en relief.

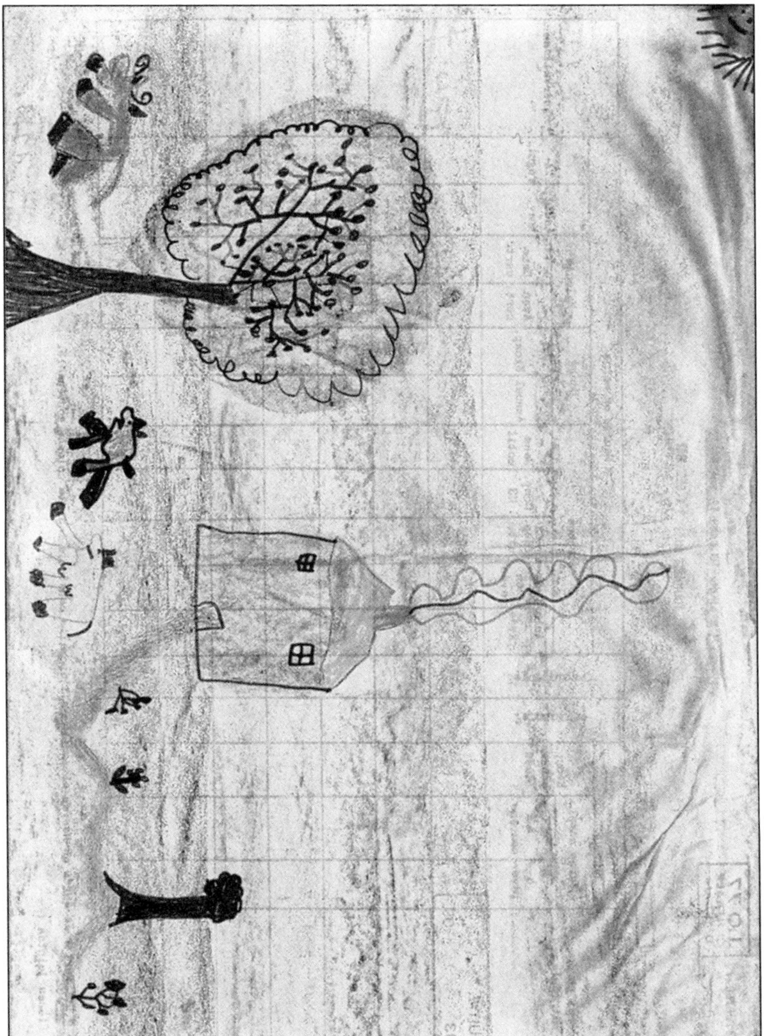

Dessin 57
Chrystelle :
une famille
de moutons.

Sylvia, six ans, attend un petit frère ou une petite sœur dans un avenir très proche. Elle se pose beaucoup de questions et trace une jument aux nombreuses mamelles, portant un petit sur son dos, image de la maternité et de la future naissance.

A travers cette scène curieuse dans laquelle un âne joue du piano et l'autre pleure en habit étoilé, une préadolescente exprime avec humour et tristesse son désarroi. On peut y voir l'image du couple séparé par le piano noir qui fait une sorte de mur entre eux. Un des deux personnages tourne le dos. Dans la réalité le couple parental s'est séparé. L'enfant essaie d'intégrer cette nouvelle situation.

D'une façon générale, on peut faire une différence entre les animaux domestiques qui représentent des pulsions ou des sentiments canalisés, socialisés, et les animaux sauvages qui expriment des élans plus primitifs, des forces à l'état brut.

Ainsi, le chien du dessin attire l'attention sur le besoin de tendresse, le désir d'être câliné ou caressé. Mais cet animal contient une certaine ambivalence. En effet, le chien doit, en principe, obéir, mais il peut aussi montrer les crocs et mordre. Sa présence, selon la douceur ou l'agressivité du tracé, représente donc une demande affective ou une agressivité latente. Par ailleurs, cet animal est souvent attaché ou tenu en laisse. Il met donc l'accent sur le rapport dominant-dominé ou dépendance-indépendance.

Le chat est moins facile à dompter. Il sort facilement les griffes. Comme tous les petits animaux à fourrure, il symbolise le désir d'être cajolé. Par sa douceur et sa grâce, il contient une valeur essentiellement féminine. Il apparaît volontiers dans le dessin des petites filles au moment où elles cherchent leur identité féminine. On voit souvent la représentation simultanée du chat et du sac à main, autre symbole sexuel féminin.

Dessin 58
Sylvia, six ans : la jument, image de la maternité.

Dessin 59
Les deux animaux, image de la séparation du couple.

Dessin 60

Les symboles sexuels féminins, sac à main et chat, nous montrent qu'Anne-Laure prend conscience de sa féminité et cherche son identité sexuelle.

Les oiseaux traduisent plusieurs notions selon qu'ils volent librement dans le ciel ou appartiennent au monde domestique. La poule et ses poussins évoquent facilement la couvée familiale ou la mère-poule. L'enfant qui désire être couvé ou protégé s'identifie volontiers aux poussins. Le nid contient la notion de foyer et de cocon familial, de lieu où il fait bon vivre. D'une façon générale, les petits oiseaux représentent la tendresse et le désir d'être cajolé. Mais tous les oiseaux ne sont pas de bon augure. Ainsi les corbeaux ou les oiseaux noirs indiquent l'anxiété, la crainte, la culpabilité ou une menace qui plane. Les rapaces sont rarement représentés. Ils expriment, bien sûr, un certain pouvoir et l'agressivité.

Les oiseaux appartiennent au ciel, au domaine de l'esprit et de l'idéal. Selon leur importance, on peut y voir une attirance pour le domaine de l'esprit ou de la spiritualité.

Les poissons sont fréquents et illustrent souvent le bien-être. On pourra nuancer l'interprétation selon le contexte ou la forme de l'animal. Car le poisson vit en apparence une vie paisible mais il est sans défense devant un plus gros que lui. Il va de soi que les requins ou les monstres marins s'apparentent à tous les animaux dangereux et agressifs. Il peut s'agir de l'agressivité de l'enfant ou de la puissance paternelle parfois représentée par le crocodile, le loup, le lion ou un monstre tout-puissant. Le poisson a, par ailleurs, une forme phallique et peut servir à exprimer l'image de la virilité.

Dans l'océan d'Anne-Laure, huit ans (voir dessin 61, hors-texte couleur), on ne sait pas très bien s'il s'agit de poissons ou de torpilles, d'autant plus que l'ambiance est lourde et angoissée. Les deux bateaux sont très clos, les hublots sont minuscules et à peine visibles. Anne-Laure est dans une phase de repli et d'inquiétude. Les poissons représentent ici, des pensées secrètes, sous-jacentes, que la petite fille ressent mais n'arrive pas à exprimer. Il y a un problème de communication. L'émotivité est prépondérante.

Pour chaque animal que l'enfant choisit de représenter, on peut attribuer une caractéristique psychologique qui sert de point de départ à l'analyse. Il faut toutefois tenir compte du contexte et faire la différence entre le dessin tracé à la suite de la visualisation d'un film ou d'une visite au jardin zoologique, et le dessin spontané qui privilégie certains animaux.

Le kangourou de Chrystelle, cinq ans (dessin 62) exprime un désir de retour au sein maternel. Le petit est abrité dans la poche et l'animal se dirige vers la gauche (symbole de la mère). Par ailleurs, la tente, avec sa porte ovale, est une autre poche symbolique, ventre maternel protecteur. La chouette, oiseau nocturne, est en rapport avec la question du jour et de la nuit, de la vie et de la mort. Elle s'active pendant la nuit, lorsque l'homme s'abandonne au sommeil. La scène indique que Chrystelle se pose des questions, sur la vie, la mort, la naissance et le temps. Elle cherche également la protection maternelle.

Les serpents ont généralement une signification phallique. Ils représentent des pulsions secrètes ou un danger, mais apparaissent souvent lors de préoccupations sexuelles. Ils sont plus fréquemment dessinés au moment de la puberté. Ainsi, Laurence, adolescente de dix-sept ans, représente librement sur une même feuille une jeune fille entourée d'un chien et d'un chat vus de dos. Chien et chat symbolisent un aspect tendre et un aspect plus sauvage, la dépendance du chien et l'indépendance du chat. Ils sont en rapport avec les pulsions sexuelles d'autant plus que le serpent est représenté. Les deux mammifères sont tachetés et ombrés, alors que le sapin et le personnage sont lisses. Laurence ressent une anxiété liée aux pulsions instinctives représentées par les animaux. Elle a du mal à les regarder en face. Le chat,

Dessin 62
Chrystelle, cinq ans : le kangourou, désir de retour au sein maternel.

symbole de la sexualité féminine, a une queue en forme de S qui rappelle le dessin du serpent. Laurence cherche à se situer en tant que femme. Elle attend et craint à la fois l'expérience de la sexualité.

Les enfants inventent parfois des monstres fantastiques, ou des figures hybrides, créations de l'imagination pure. Le dragon fait partie de ces êtres fabuleux et menaçants. Comme tous les monstres dangereux, il focalise la peur et l'angoisse de l'enfant. Il s'agit souvent des pulsions intérieures et de la notion du mal qu'il faut combattre et supprimer. Le combat avec le dragon est en quelque sorte le combat du bien et du mal dont il faut sortir gagnant sous peine d'être dévoré. Ce thème est illustré par une petite fille de cinq ans. Elle intitule son dessin : *Papa terrasse le dragon.* En pleine phase œdipienne, elle fait du père un héros ! Le dragon, comme tout mythe de puissance, peut représenter également le père lui-même, dont la force risque de se déchaîner brusquement.

Dans ce qu'elle nomme le pays imaginaire (voir dessin 65 hors-texte couleur), Chrystelle, six ans, représente une sorte de dinosaure placide. Il est de couleur verte comme l'herbe et la ligne de sol. L'enfant exprime le caractère végétatif de la mère sécurisante et protectrice, car l'animal, qui est ici l'image maternelle, surplombe l'enfant. Le ciel est très animé de papillons, d'étoiles et d'un oiseau-lyre. Cela nous indique que l'enfant est idéaliste, rêveuse et qu'elle désire briller, car l'oiseau se remarque par sa beauté.

Comme pour tout autre élément du dessin, l'animal ne doit pas être classifié de façon rigide, il attire l'attention sur un certain type de comportement ou sur une tendance de l'enfant. Mais, selon sa couleur, son contour, et le paysage dans lequel il s'inscrit, l'animal doit toujours être interprété de façon nuancée, en tenant compte des explications ou du titre donné par l'enfant.

Dessin 63

Laurence, dix-sept ans, se représente entourée de symboles sexuels.

Dessin 64
Chrystelle, cinq ans : le père-héros terrasse le dragon.

CHAPITRE 7

Les dessins de Philippe

Philippe est fils unique, il a neuf ans. Regardons ensemble quelques-uns de ses dessins. Deux d'entre eux ont été tracés librement (dessins 66 et 67), les deux autres lui ont été demandés. On remarque une constante dans cette série : le trait est faiblement appuyé, il y a peu de couleurs et l'ensemble est assez raide.

Le dessin de la famille

Il est toujours important de noter le contexte dans lequel le dessin s'inscrit. Or, pour les deux derniers dessins (68 et 69), la situation a été la suivante : la mère a demandé à Philippe de dessiner une famille. L'enfant a effectué spontanément trois maisons, chacune sur son chemin. La mère, surprise, a demandé à Philippe un autre dessin, prétextant que celui-ci ne ressemblait en rien à une famille. L'enfant a alors tracé un certains nombre de personnages en leur attribuant des noms et des âges respectifs.

Que voulait dire Philippe à travers son dessin spontané de la famille ? Tout d'abord, il n'y a aucune représentation de personnage. Les trois membres de la famille sont remplacés par trois maisons. Dans une maison, on s'abrite, on s'enferme. Le refus inconscient d'une représentation humaine attire l'attention sur une difficulté de relation, ressentie par l'enfant, au sein de la famille. On peut, dans un premier temps, faire cette hypothèse et voir si la série de dessins confirme celle-ci. Chaque maison est située sur un chemin différent. Toutefois, un carrefour permet d'emprunter les routes qui mènent à l'une ou à l'autre. Philippe se sent isolé. Il a le sentiment que chaque membre de la famille a ses occupations propres. Chacun suit sa voie personnelle. La communication n'est pas forcément coupée, car rien n'empêche la libre circulation d'une maison à l'autre. Cependant elle n'est pas facile, ni spontanée.

Une route part vers la gauche et aboutit à un cul-de-sac en forme de poche. L'enfant explique que c'est le supermarché. Il y a, à cela, plusieurs explications. D'une part, les trois membres de la famille sont réunis le samedi pour aller au supermarché. C'est un moment où ils sont tous ensemble. Philippe a donc un sentiment d'unité et de participation réelle à ce moment-là. C'est au moment où il fait les courses avec ses parents qu'il ressent vraiment la notion de famille. D'autre part, la poche dessinée dans la partie gauche de la feuille est une représentation symbolique du ventre maternel. Les provisions

Dessin 66
La maison de
Philippe, neuf ans.

abondantes de nourriture évoquent la phase orale de la petite enfance, période où l'enfant est satisfait et heureux d'être comblé de chaleur et de nourriture. Philippe a la nostalgie d'une période antérieure plus facile. Son dessin exprime une demande affective importante vis-à-vis de la mère. La maison de gauche est d'ailleurs plus grande que les autres. Il est intéressant de noter que les routes s'ouvrent sur la droite. Cela signifie que l'enfant cherche malgré tout à aller de l'avant, mais les maisons de droite ne sont pas très stables.

Le deuxième dessin de la famille montre encore une inhibition et une difficulté à représenter la famille. En effet, Philippe a dessiné un certain nombre de camarades qui font partie de sa vie, en indiquant au-dessus de chacun d'entre eux son nom et son âge. C'est pour lui une façon de nous dire que sa famille est avant tout composée d'amis plutôt que de parents. On remarque que le père ne figure pas, il a été éliminé. Par contre, la mère est en bas, à gauche, diamétralement opposée à Philippe et séparée de lui par une ligne. Alors que tous les personnages regardent de face, l'autoportrait de Philippe regarde en direction de la mère. Il y a donc à la fois, attirance et interdiction vis-à-vis de la mère. On peut y voir l'expression de la phase œdipienne, d'autant plus que le père (le rival) a été éliminé. Toutefois, la relation mère-fils est problématique. En effet, la mère est représentée en train de sauter à la corde. Dans la réalité, si on essaie d'approcher quelqu'un qui saute à la corde, on se rend vite compte que c'est impossible ! Par ailleurs, ses cheveux sont figurés par des pointes agressives. Philippe ressent sa mère comme inaccessible et agressive.

Les deux dessins de la famille expriment d'une façon différente la même problématique.

Les arbres de Philippe nous montrent une sensibilité fine mais aussi une certaine inhibition, car le trait est peu appuyé et l'ensemble manque d'ampleur. Cet enfant

Dessin 67
Philippe, neuf ans : arbres et oiseaux.

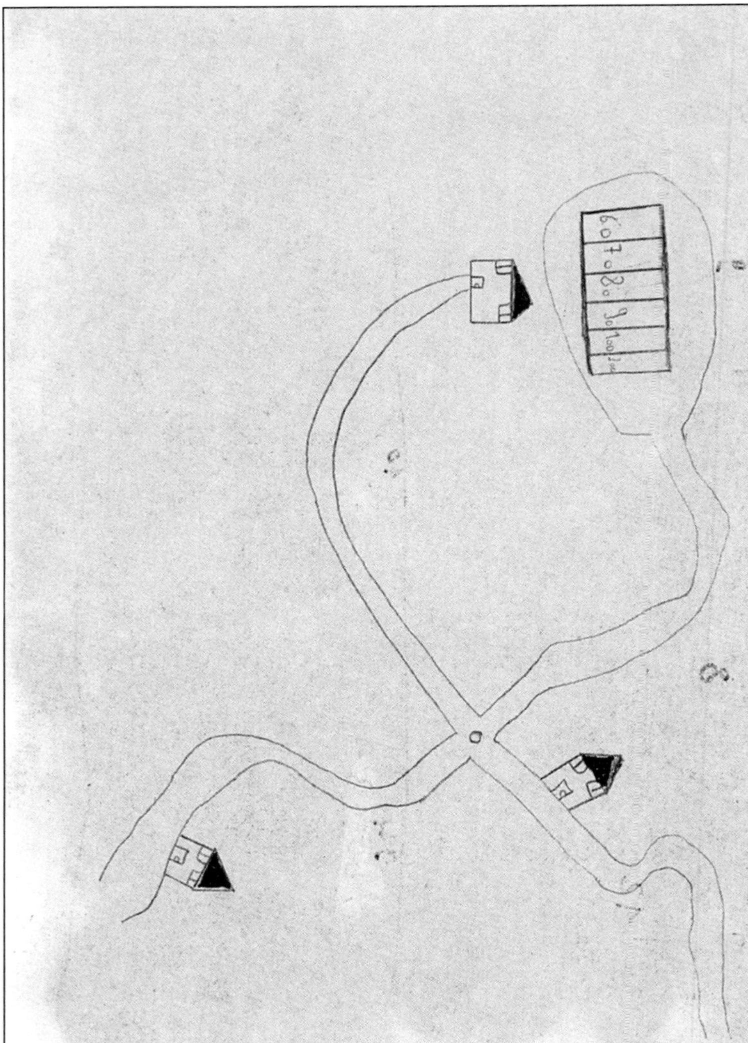

Dessin 68
Philippe, neuf ans : dessin spontané de la famille.

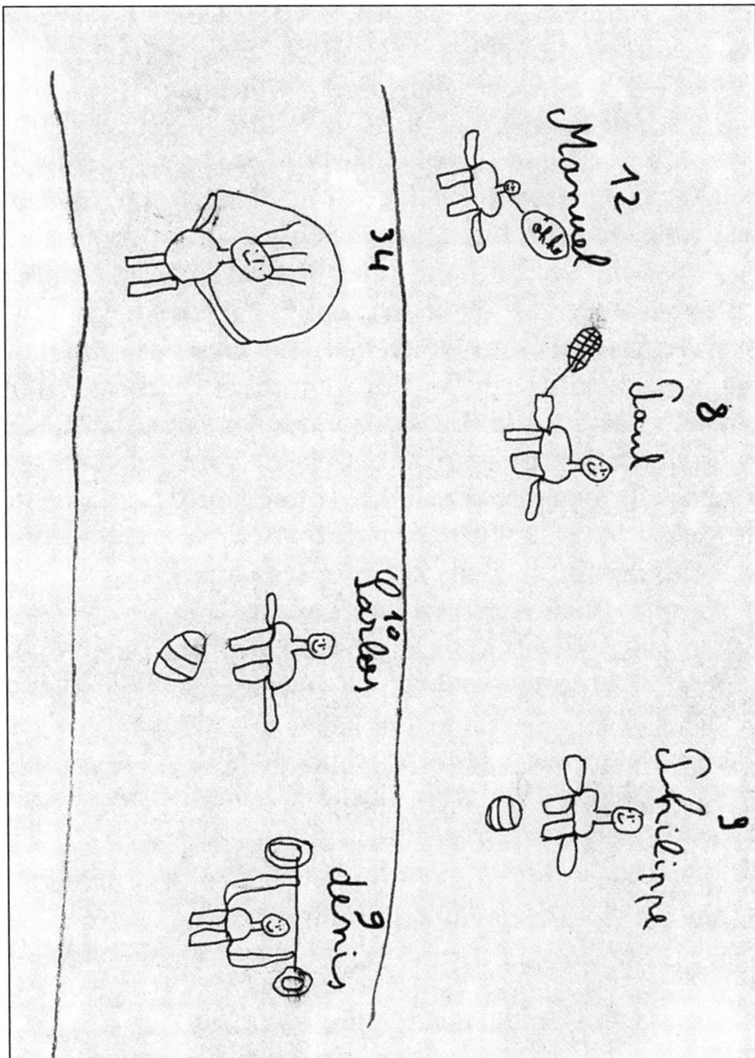

Dessin 69
Philippe, neuf ans : second dessin de la famille.

adopte tour à tour une attitude défensive (les branches du dessin 66 sont agressives) ou une attitude aimable et polie (festons courbes dans la couronne des arbres, dessin 67). Le désir d'amour et de tendresse est bien présent. Ceci nous est indiqué par des fruits rouges dans la couronne des arbres. Ici, les oiseaux sont surtout la marque d'une tension intérieure, à cause de leur forme raide et systématique. Philippe a des besoins affectifs importants mais secrets. Tout se passe à l'intérieur : la couronne des arbres est bien fermée. Les cicatrices circulaires sur les troncs révèlent un sentiment d'échec et une attitude narcissique. Les couronnes sont peu travaillées pour un enfant de neuf ans. Cela ne veut pas dire que Philippe n'a pas de possibilités intellectuelles. Par contre, le manque d'affirmation de l'ensemble indique qu'il n'a pas confiance dans ses propres capacités.

La maison est elle aussi intéressante à étudier. Elle est solide et équilibrée mais le paysage manque de vie et de couleur. Les troncs sont coloriés en marron. Il n'y a que le ciel qui contienne un peu de gaieté avec ses nuages bleus et son soleil jaune. les ouvertures de la maison ne sont pas grandes, sauf la porte entourée de noir et la lucarne de belle taille entourée d'un léger noircissement sur le toit. Ces éléments nous indiquent encore que Philippe est un enfant secret, qui communique peu le fond de sa pensée. Son foyer est ressenti comme problématique et il a tendance à fuir dans le rêve et l'imaginaire. La lucarne, en effet, permet de voir le ciel et de se projeter à l'infini. Mais ce n'est pas le monde de la réalité.

L'ensemble nous montre un enfant sensible et affectif qui souffre d'une problématique liée à sa relation à la mère. Il se sent isolé et incompris et cherche à fuir dans le rêve. Il a toutefois conscience qu'il doit aller de l'avant mais manque de confiance en lui. Cela l'empêche de s'affirmer complètement, autant sur le plan de la communication avec autrui que sur le plan intellectuel.

Philippe peut changer beaucoup si on lui témoigne davantage d'amour et si on l'aide à avoir confiance en ses capacités.

Dessin 70

Anne-Laure, sept ans : personnage et soleil prépondérant.

CHAPITRE 8

Les dessins d'Anne-Laure

Anne-Laure a sept ans. Sa soeur aînée en a douze. Les trois dessins d'Anne-Laure ont une dominante de bleu et de vert. La petite fille est sensible et émotive, plutôt introvertie. Son personnage (dessin 70) est bien planté et fait signe, les bras en l'air. C'est un mouvement d'optimisme et de gaieté, d'autant plus qu'il tend une fleur. La présence maternelle est prépondérante, décrite par le soleil immense et rayonnant. Anne-Laure ressent fortement la personnalité de la mère autant par son autorité (le soleil) que par son émotivité, car il baigne dans un océan bleu. On pourrait confondre le ciel et l'eau. Anne-Laure est très émotive et capte également les émotions maternelles. Elle est dans une période où elle cherche sa féminité mais ne l'accepte pas encore totalement. Son personnage est féminisé par les cheveux et virilisé par le pantalon. Il est possible qu'Anne-Laure ressente que sa mère incarne à la fois l'image maternelle et l'image paternelle, ce qui correspond, d'une certaine manière, à la réalité, car les parents sont divorcés. La mère a donc, à la fois, le rôle d'écoute et d'autorité.

La séparation des parents est clairement indiquée par la maison brisée dans le dessin 71. Cette maison symbolise une séparation sans ambiguïté entre la gauche (le passé) et la droite (l'avenir). La partie gauche est coloriée de noir et de gris, alors que la partie droite est bariolée. Anne-Laure essaie de mettre un trait sur son passé et sur le foyer qui s'écroule. Elle a conscience du temps et se tourne vers l'avenir. Dans le même temps, sa soeur représente la situation à sa manière. On voit alors l'oiseau maternel couver symboliquement ses deux oisillons. Ces deux derniers représentent les deux petites filles. L'arbre fait un mur entre le passé et l'avenir (voir dessin 72).

Lors de la séparation d'un couple, l'enfant dessine souvent deux maisons ou deux foyers. Anne-Laure représente symboliquement les deux couples parentaux (voir dessin 73, hors-texte couleur) : à gauche le foyer maternel, à droite le foyer paternel. Les deux couples sont quasiment symétriques. Par exemple, les deux hommes portent le même costume. On voit qu'elle met les deux foyers sur le même plan. Toutefois, la mère (le personnage habillé de violet) est plus importante car elle est plus grande, plus forte, et tient des fleurs dans les mains. C'est l'indication d'une relation affective importante et préférentielle avec elle. Le père est représenté par l'homme qui est à droite, il est un peu plus grand que celui de gauche et son chapeau est rectangulaire, alors que celui de gauche est rond (donc symboliquement plus doux et moins viril). Cela nous montre que le père garde son image de supériorité pour la petite fille. Dans la réalité, Anne-Laure vit avec sa mère et son beau-père. Elle intègre cette nouvelle situation et ces quatre modèles d'adul-

Dessin 71
Anne-Laure, sept ans : la maison brisée, symbole de la séparation des parents.

Dessin 72
Anne-Laure, sept ans : l'oiseau maternel couve ses deux oisillons.

tes qui partagent sa vie. Le soleil de gauche, en rapport avec le foyer dans lequel Anne-Laure vit réellement, n'a pas la mine réjouie de celui de droite (le foyer du père). Il ne faut pas y voir de situation dramatique mais simplement le désir de retrouver le père plus souvent, ce qui est un sentiment naturel causé par la séparation.

Les dessins d'Anne-Laure montrent différentes étapes et en particulier l'évolution des sentiments de la petite fille au cours d'une période délicate de sa vie. La relation très forte avec la mère peut être un appui solide qui aide l'enfant à se construire.

CHAPITRE 9

Du dessin d'enfant au dessin d'adulte

Le langage du dessin d'enfant est le langage de l'inconscient. C'est une expression des couches profondes de la personnalité. L'analyse du dessin est une méthode parmi d'autres, qui permet d'explorer les ressources intérieures et le vécu personnel. Cette étude, comme tout ce qui concerne les sciences humaines, gagne en vérité et en profondeur, lorsqu'elle s'accompagne de recoupements par d'autres techniques ou d'autres méthodes. En tant qu'expression du moi, elle est un terrain privilégié en ce qui concerne l'enfant, puisque ce dernier utilise amplement le dessin dans les premières années de la vie.

Toutefois, il n'y a là rien de limitatif, au contraire ! Les grands symboles sont également vécus par l'adulte. Aussi, peut-on utiliser pleinement cette connaissance pour comprendre le dessin de l'adulte. Que ce dernier dessine rapidement, pour s'amuser, ou qu'il vive une véritable création artistique, le symbole parle, s'exprime et libère une énergie. Celle-ci est la marque de l'individu. Elle indique ce qui le rend unique, révèle qui il est fondamentalement, et ce qu'il ressent au moment où il dessine.

D'un point de vue purement graphologique, on peut attribuer des caractéristiques précises au gribouillage ou aux tracés informes, qui apparemment ne veulent rien dire. Par exemple, les dessins spontanés que l'on trace lors d'une communication téléphonique... Le Dr Corman a d'ailleurs élaboré un test du gribouillis qui tient compte du remplissage de la page, autant que de la forme ou de la puissance du trait. Ce test s'accompagne évidemment d'autres données.

Dans le cadre de recherches linguistiques, on a effectué des expériences en laboratoire avec des adultes volontaires, originaires de groupes socio-culturels différents. Les consignes données aux participants proposaient d'effectuer des associations d'idées à partir de formes (triangles, cercles, lignes anguleuses...) Les recherches ont mis en évidence le lien inconscient qui existe au fond de chacun de nous, entre une forme, une couleur et un sentiment. Cela rejoint d'une certaine manière l'investigation menée par le Dr Koch en ce qui concerne le test de l'arbre.

Si les formes, les traits et l'utilisation de l'espace ont une correspondance psychologique, à plus forte raison les thèmes librement développés par l'adulte ou l'artiste peintre reflètent la personnalité de l'auteur. Le sujet choisi est en fait rarement anodin. Et la façon dont on représente un sujet, quel qu'il soit, ne peut se faire qu'à travers le filtre de notre propre personnalité. A partir d'un même thème ou d'un paysage semblable, deux peintres produiront des toiles très différentes. Des person-

Dessin 74

L'arbre d'Annie, avant la séance de yoga.

nalités aussi dissemblables que Van Gogh ou Picasso s'expriment à travers des couleurs, des formes et des textures qui n'ont rien de commun.

On peut donc étendre amplement l'analyse de dessin au graphisme de l'adulte. Ceci a été largement utilisé en ce qui concerne le test de l'arbre, mais la compréhension du symbole mérite aussi un élargissement plus vaste. En effet, une toile de maître s'analyse sur les mêmes principes que tout autre dessin. Car l'artiste s'investit dans ce qu'il produit. Ce qui est vrai pour le peintre l'est pour tout un chacun.

Un groupe de douze personnes a été sollicité pour dessiner un arbre avant et après leur séance de yoga hebdomadaire. Les participants, surpris par cette proposition, ont tracé rapidement et spontanément leur arbre en début et en fin de séance. Or, ce qui est remarquable, c'est que pour chaque tracé, on rencontre la constante suivante : l'arbre dessiné après la séance de yoga est plus épanoui, plus ample, souvent plus grand que le premier. On trouve parfois une grande similitude dans le type de tracé, quelquefois des différences de formes, mais dans chaque cas, l'arbre le plus épanoui est reconnaissable. C'est le deuxième! Il reflète davantage de confiance en soi, on pourrait dire qu'il respire mieux.

Ceci est manifeste dans les dessins d'Annie, jeune femme de trente ans. Le premier arbre est plus petit que le second, il est également plus fermé et plus réticent, car situé davantage à gauche. L'arbre tracé après la séance de yoga est plus expansif, les fruits sont plus nombreux, les feuilles anguleuses sont remplacées par des formes souples, l'oiseau est plus grand et situé davantage à droite. L'ensemble est équilibré et la personnalité est motivée par le désir de plaire et d'être appréciée d'autrui. Il va de soi qu'Annie n'a pas changé de personnalité entre ces deux dessins espacés d'une heure ! D'ailleurs les deux arbres se ressemblent considérablement. Leur structure

Dessin 75

L'arbre d'Annie après la séance de yoga.

est similaire. Ils expriment tous les deux la tendresse, l'affectivité, l'importance de l'imaginaire et le désir de jouissance. Mais le deuxième dessin nous montre qu'Annie peut exprimer plus aisément sa chaleur et son rayonnement personnel après la relaxation qu'elle a su trouver. Les composantes de sa personnalité ne sont pas modifiées, mais elle en a davantage la maîtrise. Il n'y a presque plus de formes anguleuses, si ce n'est dans le corps de l'oiseau. La prédominance des lignes courbes indique qu'Annie a évacué des tensions et développé la douceur et la réceptivité.

La comparaison des dessins d'une même personne permet souvent de comprendre l'évolution de ses sentiments ou de sa personnalité. On peut également comparer les dessins de deux personnes différentes, par exemple lorsqu'il s'agit d'un couple, l'approche comparative apporte un éclairage sur la complémentarité de la relation. Rappelons qu'il est toujours souhaitable d'utiliser plusieurs techniques d'analyse. Pour ma part, en ce qui concerne l'étude de la personnalité adulte, je n'utilise le dessin qu'en complément à l'étude graphologique.

Le dessin d'arbre et le couple

Pour tracer son arbre, Marie-Françoise s'y est reprise à deux fois. Elle a tout d'abord commencé le dessin 76 qu'elle a ensuite jeté. Puis sur une deuxième feuille, elle a représenté l'arbre complet. D'une façon générale, le comportement devant l'acte à accomplir (ici, le dessin) est le reflet du comportement dans la vie. L'élan ou l'hésitation devant la feuille à remplir est l'attitude profonde devant la vie et devant l'inconnu.

Ici, on a tout d'abord l'élan, puis le recul et le rejet

Dessin 76

L'arbre interrompu de Marie-Françoise.

de ce qui a été créé par soi-même. En effet, au moment où elle détruit ce qu'elle a commencé, Marie-Françoise renie une partie d'elle-même, elle arrête tout, remet en cause son acte et fait symboliquement marche arrière. Cela veut dire, que dans la vie, elle ressent des élans et un enthousiasme qui peuvent être puissants (le premier arbre est dessiné avec fermeté, de plus il est nettement situé à droite), puis elle inhibe cet élan premier, recule, se reprend. Comment analyser ce retrait sur le plan symbolique ? Cet arrêt s'explique parce que la jeune femme pense que son arbre n'est pas valable, qu'il n'est pas suffisamment digne d'intérêt ou qu'elle pourrait en faire un autre plus beau. C'est avant tout la marque d'un manque de confiance en soi, d'une peur de se lancer dans l'inconnu. On peut en conclure que Marie-Françoise a la crainte de s'affirmer et de se lancer. S'exprimer et se montrer telle qu'elle est lui fait peur. Ce dessin en deux temps montre un sentiment d'infériorité.

La comparaison des deux tracés est significative. Le premier indique ce que Marie-Françoise refuse, ce qu'elle n'arrive pas à exprimer, ou ce qu'elle voudrait éliminer de sa personnalité. On y trouve, un arbre situé franchement à droite, ce qui signifie le besoin d'indépendance et de libération. Toute l'énergie se trouve d'ailleurs dans la direction symbolique de l'avenir et de la rencontre de l'Autre, autant sur le plan de l'action (le tronc) que de la pensée (les branches). Le tronc est très abîmé dans sa partie gauche : on y voit une entaille dans le bas et un rétrécissement avec retouche dans le haut. Une souffrance plus ou moins consciente et un sentiment d'insuffisance ont été inscrits dans la personnalité par un passé qui n'est pas encore intégré. C'est d'ailleurs au moment de tracer la partie gauche de l'arbre que Marie-Françoise rejette son dessin. Celui-ci, bien qu'incomplet, exprime un profond désir d'indépendance, d'affirmation et de contact, qui n'arrive pas à se libérer. D'ailleurs dans les

Dessin 77

Le deuxième arbre de Marie-Françoise.

deux dessins, les seules branches entrecroisées, qui montrent donc une fermeture, se situent dans la partie droite de l'arbre. Marie-Françoise voudrait aller librement vers l'avenir et vers les autres, mais quelque chose la freine.

L'arbre représenté en entier montre une bonne vitalité et une emprise solide sur le concret et le quotidien (le tronc est puissant). La couronne, domaine de la pensée, donne assez peu cours à l'expression individuelle. On y trouve des schémas stéréotypés (répétition systématique des feuilles) qui montrent à la fois un souci du détail et une pensée relativement conformiste. La rondeur de l'ensemble indique que ce côté conforme s'installe surtout pour ne pas choquer autrui et pour avoir la tranquillité. La personnalité est donc plutôt douce, sensuelle et affective. Les branches s'étalent mais l'ensemble est assez fermé. Il y a donc un désir de contact et de connaissance qui se conjugue avec des attitudes de protection.

L'énergie du tronc pénètre amplement dans la couronne et permet d'insister sur l'importance des besoins matériels, liés au confort et au corps. Les idées, les projets et les concepts sont donc construits en fonction de cela. L'arbre déborde sur le haut de la page, ce qui indique un fond d'idéal et un désir de puissance. Les racines importantes et noircies montrent un besoin profond de sécurisation et n'excluent pas un fond d'angoisse. L'ensemble reflète une personnalité chaleureuse et affective en butte à un désir d'affirmation non exprimé. Marie-Françoise n'exprime pas toutes ses potentialités.

Si l'on compare avec l'arbre d'Alain, on voit que ce dernier prend bien sa place dans l'espace. Le trait est beaucoup plus fin et nuancé. Le tronc est moins affirmé que celui de Marie-Françoise. La couronne est plus intense et plus ouverte. La vitalité est moyenne, le fond du tempérament est plus nerveux, plus mobile et rapide. Le trait est souvent fin et incisif, montrant une sensibi-

Dessin 78

L'arbre d'Alain.

lité à vif et des réactions plus sèches. Le tronc légèrement déporté à gauche et les racines importantes indiquent un besoin de sécurité qui peut motiver les choix et les contacts.

Ceux-ci sont ouverts et nombreux, car les branches sont presque toutes ouvertes, la couronne s'élance vers le haut et la droite. Les projets et les contacts avec autrui sont ressentis comme des valeurs stimulantes. La sociabilité est intense. L'intellect est ouvert aux idées nouvelles. L'expression verbale peut être tour à tour subtile et agressive. La pensée est logique et cohérente (les branches s'articulent bien entre elles). L'esprit peut passer aisément d'une idée à une autre. La discrimination et le jugement cherchent à tenir compte de toutes les données (les branches sont formées par deux traits et les brindilles par un seul trait). Les racines sont également représentées et montrent qu'Alain ressent un besoin de sécurisation. Le mouvement général de l'arbre tend fortement vers le domaine symbolique de l'avenir. Alain a besoin de projets et d'ouverture. Il tend à se dégager de son passé.

En comparant les deux dessins, on voit que Marie-Françoise est plus sensuelle et plus concrète que son mari. Elle donne plus d'importance que lui à la possession matérielle. Elle se base sur ce qu'elle sent, alors qu'en ce qui le concerne, il a une approche plus intellectuelle et plus abstraite. Elle agit et décide davantage en fonction de ce qu'elle ressent et fait passer ses sentiments avant d'autres facteurs. Tous les deux ressentent un besoin de sécurisation important. Ils ne prendront pas n'importe quels risques dans la vie ! Alain peut apporter à Marie-Françoise une ouverture d'esprit, l'inciter à raisonner autrement. Quant à elle, elle peut mettre l'accent sur les réalités concrètes, le présent, les nécessités plus immédiates. Sur le plan de l'échange, on peut penser que les contacts et la communication viennent de lui. Il peut toutefois être ressenti par moments comme quelqu'un de sec ou de trop critique par Marie-Françoise qui voudrait la paix et l'harmonie. Les deux sensibilités sont vives, mais vibrent sur des registres différents. Cela apporte au couple une complémentarité qui permet à chacun d'effectuer des prises de conscience.

Toutefois, les deux personnalités sont confrontées à une problématique similaire en ce qui concerne l'affirmation de soi. Alain a tracé une branche coupée sur la partie droite du tronc. C'est un élan arrêté, une énergie non exprimée. La droite est reliée symboliquement au désir d'affirmation sur le plan social. Il y a donc ici, ambivalence désir et refus, ou un frein intérieur malgré l'élan manifesté dans la couronne. On peut dire que le désir d'expansion est vécu intellectuellement (la couronne) mais quelque chose s'arrête sur le plan de la réalisation concrète (le tronc). Il y a donc une problématique dans l'image sociale, la recherche d'identification. Il n'est pas certain qu'Alain sache vraiment quel rôle social il veut jouer. Cela peut être en rapport avec la recherche d'identification au père (symbolisé par la droite). Il faut savoir que quelques années auparavant, en effectuant le test de l'arbre, Alain traçait cette branche coupée sur la gauche de l'arbre, ce qui indiquait un traumatisme vécu pendant l'enfance. En effet, l'adolescence a été marquée par le décès du père. L'arbre d'Alain en porte encore la trace et bien qu'il ait évolué, on voit qu'il reste difficile pour lui de se situer vraiment, sur le plan social.

Ceci est en rapport avec cette étape de la vie dont l'adulte n'est pas encore totalement délivré.

Les deux éléments du couple ont quelque chose à régler avec leur passé. Il leur est donc difficile de s'aider mutuellement sur ce plan-là. Chez l'un comme chez l'autre, cela retentit sur la façon de s'affirmer. Par contre, la comparaison de leurs dessins respectifs met en évidence deux approches différentes de la vie, avec un jeu de complémentarité enrichissant.

L'étude du dessin d'arbre est une technique plus connue et plus utilisée que d'autres analyses du graphisme. Mais le dessin libre présente l'avantage d'une totale ouverture, dans la mesure où il n'y a pas de consigne limitative. Je me souviens du cas d'une jeune fille anorexique qui, d'une certaine manière, refusait de vivre en refusant de s'alimenter. Repliée sur elle-même, elle ressentait une immense difficulté à s'exprimer et à sortir de la maison. Vint un moment où elle se mit à dessiner. Ceci lui permit de formuler tout ce qu'elle ne pouvait dire à travers les mots. Ses dessins en noir et blanc exprimaient la détresse, mais aussi toute l'évolution intérieure. Personne n'est intervenu dans ses dessins. Elle se sentait donc pleinement libre dans ce qu'elle libérait à travers eux. Or, à un certain moment, il était manifeste qu'elle venait de franchir une étape très importante et positive, lorsqu'elle se mit à utiliser... la couleur. En effet, le noir et le blanc sont la négation de la couleur, donc de l'affectivité. La couleur, c'est avant tout la vie. Lorsque cette jeune fille s'est mise à utiliser la couleur, c'était l'indication implicite qu'elle faisait le choix de la vie.

Il n'est pas forcément souhaitable de vouloir tout analyser, à tout moment. On peut utiliser le langage du dessin en tant que technique d'investigation, mais également avec souplesse dans un esprit d'ouverture et de compréhension du monde environnant.

Conclusion

Le symbole parle souvent de lui-même et de la façon la plus simple qui soit. On le rencontre dans la vie, dans le langage, dans le geste.

Il s'exprime dans les mots qu'on choisit, dans les attitudes qu'on adopte, dans les couleurs qu'on aime. Le dessin fait partie de la vie, au même titre que le rire ou le mouvement. Il n'est jamais figé, statique ou immuable, il évolue toujours et représente l'instant et l'émotion.

C'est pourquoi, il est riche et intense. Mais c'est aussi une raison pour le dédramatiser lorsqu'il est lourd ou chargé de douleur. On peut dans un premier temps, en tant que parent, être heureux et émerveillé par la richesse du langage du dessin, avancer progressivement dans sa compréhension et s'y sentir à l'aise. Le risque serait ensuite de s'alarmer lorsque le dessin renvoie, comme à travers un miroir, une image désagréable ou douloureuse. Il faut toujours garder en mémoire l'aspect libérateur du dessin, car il est fondamental que l'enfant s'exprime, quel que soit le message.

Pénétrer dans ce monde pour influencer l'enfant n'est pas le but. Il ne s'agit pas d'utiliser le symbolisme du dessin pour imposer quelque chose. Il est important de laisser l'enfant totalement maître de son dessin, que ce soit dans les thèmes qu'il aime explorer ou dans sa façon de les représenter. Les scènes dépressives ou guerrières ont autant leur raison d'être que les décors paradisiaques. Chaque étape est nécessaire et fait partie de l'évolution.

Le regard de l'adulte n'est pas celui de l'enfant. Par contre, une écoute attentive permet d'être là au bon moment, de comprendre l'informulé et d'enrichir le lien qui unit l'adulte à l'enfant. Dialoguez avec l'enfant à partir de son dessin, demandez-lui de raconter ce qu'il dessine. Cela peut être un jeu, mais aussi une ouverture.

Les enfants sont souvent plus lucides qu'on ne le croit et il se peut qu'à travers le dessin, l'adulte se sente parfois remis en cause. Le message peut aussi avoir cette portée-là.

Pénétrer dans le monde du dessin d'enfant, c'est accompagner l'enfant à la rencontre de lui-même. C'est l'une des méthodes qui permettent de partager pas à pas son évolution et de comprendre les différentes étapes de sa maturation.

Du même auteur

La graphologie, caractère, personnalité, comportement, Guy Trédaniel Éditeur, 1999.
La signature ou l'intimité dévoilée, Guy Trédaniel Éditeur, 2000.

Bibliographie

Dr CARIO, Raphaël, *Dessine et guéris-toi*, Chemins de l'harmonie, 1998.
CORMAN, Louis, *Le test du dessin de famille*, PUF, 1977.
CROTTI, Evi et MAGNI, Alberto, *Gribouillages*, Éditions Jouvence, 1998.
MARC, Varenka et Olivier, *L'enfant qui se fait naître*, Buchet-Chastel, 1981.
MARC, Varenka et Olivier, *Premiers dessins d'enfants*, Nathan, 1992.
SCOTT, Ian, *Le test des couleurs de Max Lücher*, Aubanel, 1979.
STORA, Renée, *Le test du dessin d'arbre*, Augustin Éditeur, 1987.
WIDLOCHER, Daniel, *L'interprétation des dessins d'enfants*, Margada. 1998.

Index

Achevé d'imprimer
en mars 2005
sur les presses de l'imprimerie
Clerc, Saint-Amand-Montrond, France.